세상에 대하여
우리가
더잘 알아야 할
교양

54

지은이 소개

지은이 **위문숙**

건국대학교 사학과를 졸업하고 같은 학교 대학원에서 서양사를 공부했습니다. 지구촌 곳곳의 좋은 책을 기획하고 번역하며 세상에 대한 관심을 키워 나갔습니다. 내 아이들이 살아가는 곳을 객관적으로 알리고 싶어서 글쓰기를 시작했습니다. 세더잘 49 《아프리카 원조, 어떻게 해야 지속가능해질까?》를 집필했고, 《지구》《망고 한 조각》《빌랄의 거짓말》《파라노이드 파크》《이상한 조류학자의 어쿠스틱 여행기》《랭고》《상식이 두루두루》 등을 우리말로 옮겼습니다.

세 상에 대하여
우리가
더 잘 알아야 할
교양

위문숙 지음

54

4차 산업혁명
어떻게 변화되어야 할까?

내인생의책

차례

※ 본문의 **굵은 글씨**로 표시된 단어는 105페이지 용어 설명에서 찾아보세요.

들어가며 : 4차 산업혁명은 유토피아를 약속할까?

누명을 쓰게 된 한 남자가 쫓기고 있었습니다. 추격자들을 피해 자동차에 올라탔으나 운전대를 잡을 겨를조차 없습니다. 그런데 잠시 후 놀라운 상황이 펼쳐집니다. 남자가 손가락 하나 까딱하지 않았는데도 커다란 캡슐 모양의 자동차가 스스로 운전하며 이리저리 도로를 달려갔거든요.

2054년이 배경인 스티븐 스필버그의 영화 〈마이너리티 리포트〉에 등장하는 장면입니다. 이 영화에는 자율주행자동차를 비롯해 흥미로운 상황이 펼쳐집니다. 주인공은 어두운 방에서 더듬더듬 스위치를 찾는 대신, 그저 "불 켜"라고 말로 지시를 내립니다. 사무실과 지하철을 드나들 때는 카드 없이 눈동자의 홍채로 자신임을 확인시키고 통과하죠. 아주 먼 미래의 전시장을 방문한 듯한 느낌을 주는 영화입니다.

〈마이너리티 리포트〉는 2002년에 만들어졌어요. 당시에는 50년 뒤인 2054년에나 그런 과학기술이 실현되리라고 짐작했나 봅니다. 그런데 20년이 지나기도 전에 영화 속 장면을 현실에서 접할 수 있게 되었답니다. 집에서 음성만으로 엘리베이터를 부를 수 있는 아파트가 선을 보이는가 하면, 홍채인식 기능이 탑재된 스마트폰도 등장했으니까요. 그뿐만이 아닙니다. 자율주행자동차는 캘리포니아나 애리조나의 도로에서 종종 볼 수 있습니다. 테슬라와 포드, BMW, 폭스바겐 등 42개의 유명한 자동차 회사들이 자율주행자동차를 개발하기 위해 온갖 노력을 기울이고 있거든요. GM(제너럴모터스) 사는 교통지옥으로 유명한 뉴욕 한복판에서 자율주행자동차를 운행할 수 있다고 호언장담입니다.

오늘날의 사물들은 눈이나 귀가 달린 것처럼 홍채나 음성을 인식하게 되었습니다. 더 나아가 지능을 갖춘 사람처럼 상황에 따라 판단하고 행동합니다. 여러 전문가들이 이러한 첨단 과학기술을 가리켜 4차 산업혁명의 신호탄이라고 주장했습니다. 아울러 첨단기술이 이끄는 4차 산업혁명이 우리의 삶을 완전히 바꾸어 놓을 것이라 예상하고 있습니다.

앞으로 우리의 삶은 어떻게 변화할까요? 지능이 뛰어난 기계들이 불치병을 치료할 신약을 개발하는가 하면, 스마트한 사물들로 가득 찬 집이나 도시가 세워지고 있습니다. 이를 보면 4차 산업혁명이 인간에게 편리한 생활과 안락한 휴식을 약속하는 것처럼 보입니다. 즉 4차 산업혁명으로 만들어질 유토피아가 머지않은 듯합니다.

하지만 4차 산업혁명으로 인류의 미래가 암울해질 것이라며 목소리를 높이는 학자들도 많습니다. 기계에게 어렵고 귀찮은 일을 맡기는 순간, 인간의 일자리는 줄어들기 때문이지요. 실업자들에게는 4차 산업혁명의 세상이 유토피아일 리가 없습니다. 자칫하면 사회에서 소외된 채 쓸모없는 존재로 전락할 가능성이 높거든요. 실업은 사회·경제적으로 심각한 문제이기도 합니다.

1900년대를 배경으로 하는 미국의 서부영화를 보면 말(馬)이 거의 빠지지 않고 등장합니다. 외로운 총잡이가 말을 타고 터벅터벅 길을 나서는가 하면, 용감한 카우보이가 말 위에서 밧줄을 휘두르며 달려가지요. 당시에는 운송 수단이 역마차고, 전쟁 수단이 기마부대이니 말은 필수였습니다. 그러다 보니 유럽과 미국에서 말의 수는 계속 늘어났습니다. 미국의 사례를 살펴보면 1840년에서 1900년까지 말과 노새가 여섯 배나 증가해 2,100만 마리가 되었지요. 말은 시골의 농장뿐만 아니라 도시의 거리에서도 쉽게 찾아볼 수 있었습니다.

그러나 2차 산업혁명으로 열에너지를 기계에너지로 바꾸는 내연기관이 등장하면서 상황은 완전히 달라졌습니다. 시골에서는 트랙터가 농장을 돌아다녔고 도시에서는 자동차가 사람과 짐을 날랐습니다. 1960년이 되자 미국에서 기르는 말의 수는 300만 마리로 감소했습니다. 50년 만에 88퍼센트가 줄어들었다고 하니 말 100마리 중 12마리만 남은 셈이지요.

말은 인간과 감정을 나누고, 좁다란 산길을 오르내리며, 울타리를 훌쩍 뛰어넘을 수 있습니다. 하지만 빠르고 편리한 자동차의 경쟁 상대는 되지 못했습니다. 결국 산업혁명으로 말은 존재 가치가 사라져서 수가 급격히 줄었습니다. 4차 산업혁명으로 사람보다 지능이 뛰어난 기계들이 하나둘 등장하고 있습니다. 인공지능에게 일자리를 넘겨준 사람들도 같은 전철을 밟지 않을까요? 자칫하다가는 사람도 말처럼 무의미한 존재가 될지도 모릅니다.

이제 4차 산업혁명이라는 말은 전혀 낯설지 않습니다. 매스컴에 자주 등장하니까요. 아울러 장밋빛 미래에 대한 전망도 끊임없이 흘러나오고 있습니다. 인공지능 비서 덕분에 삶은 편안해지고, 첨단 의학기술로 불치병은 사라질 가능성이 높다는군요. 반면에 빈부격차나 사회 불평등이 심해질 것이라는 암울한 전망도 나옵니다. 따라서 더 늦기 전에 4차 산업혁명이 인류에게 자유와 평화를 안겨줄지 아니면 실직과 파괴를 가져올지 진지하게 따져봐야겠습니다.

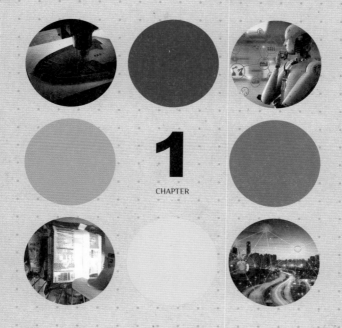

4차 산업혁명이란 무엇인가?

드론이 하늘을 떠다니고 가전제품이 사람을 인식합니다. 로봇이 과일을 따고 3D프린터로 자동차를 만듭니다. 과학 기술이 엄청나게 발전함에 따라 나타난 이 결과물들을 보면서 여러 전문가들이 4차 산업혁명에 대해 논의하기 시작했습니다. 오늘날의 첨단 기술들이 산업이나 경제뿐만 아니라 교육, 의료, 정치 등등 전방위적으로 혁명적인 변화를 일으킬 것으로 예상되기 때문입니다.

2016년 3월, 인공지능 알파고와 세계적인 바둑기사 이세돌의 대결이 열렸습니다. 이때만 해도 인공지능이 이길 것이라 예상하는 사람은 많지 않았습니다. 바둑은 경우의 수가 천문학적으로 많아서 제아무리 연산 능력이 뛰어난 컴퓨터라도 완벽하게 분석하기란 어렵거든요. 게다가 바둑은 계산보다 직관이 중요하다고 여겨져 왔고요. 그런데 예상을 뒤엎고 알파고는 4:1로 이세돌 9단을 이겼습니다.

이 대결을 통해 사람들은 인공지능의 수준이 어느 정도까지 왔는지, 앞으로 얼마나 빠르게 발전할지 가늠하게 되었습니다. 인공지능은 4차 산업혁

전문가 의견

생활방식과 업무방식은 물론이고 다른 사람과 관계를 맺는 방식까지 완전히 바꾸어 놓을 기술혁명이 우리의 눈앞에 와 있다. 이 혁명은 어마어마하게 속도가 빠르고 범위가 넓다. 인류가 이제껏 경험했던 것과는 차원이 다르다.

— 클라우스 슈밥 세계경제포럼의 설립자이자 회장

명이 촉발되는 데 큰 영향을 미쳤습니다. 전문가들은 인공지능과 같은 첨단 기술이 발전하면서 4차 산업혁명이 시작되었다고 이야기합니다.

인공지능에 대한 사람들의 관심은 자연스럽게 4차 산업혁명으로 옮겨 갔고 이내 그 관심은 뜨거워졌습니다. 하루가 멀다 하고 신문이나 방송에서 4차 산업혁명에 대한 소식을 쏟아 내고 있습니다. 우리나라 정부에서는 대통령직속기구로 4차 산업혁명위원회를 설치했습니다. 국가적으로 4차 산업혁명을 추진하겠다는 의지를 보인 것이지요. 사실 4차 산업혁명은 전 세계적으로 이미 뜨거운 주제입니다. 4차 산업혁명이 무엇이기에 수많은 사람들의 주목을 받고 있는 것일까요?

4차 산업혁명의 정의

4차 산업혁명은 '첨단 정보통신기술의 융합으로 이루어지는 산업혁명'을 가리킵니다. 그렇다면 정보통신기술은 무엇일까요? 간단히 말하자면 정보통신기술은 정보를 전달하고 저장하고 활용하는 데 필요한 모든 기술입니다. 컴퓨터와 인터넷이 대표적인 예이죠. 그런데 컴퓨터와 인터넷이 놀라울 정도로 발전하면서 인공지능이나 사물인터넷 등 첨단 정보통신기술이 등장하게 되었습니다. 기계나 사물이 스스로 생각하고 결정하게 된 것이지요. 게다가 첨단 정보통신기술이 융합하면서 이전에는 상상도 못 했던 기술 혁신이 일어나고 있습니다.

3차 산업혁명을 거치면서 거의 모든 공장기기가 자동화되었죠. 지금은 자동화를 넘어 지능화를 추구합니다. 제품 생산부터 수리까지 스스로 관리하고 조종하는 기계들이 속속 등장하고 있습니다. 컬러프린터의 잉크와 같이

제품에 사용되는 소모품의 수명이 다하면 기계가 스스로 잉크를 주문하는 식이죠. 물론 더 복잡한 기기들도 지능화되고 있습니다. 항공기 엔진은 비행할 때 온도나 압력을 스스로 파악해 조금이라도 이상이 생기면 교체가 필요한 부품이나 수리를 담당할 정비공들을 착륙 지점에 대기시키도록 지시합니다. 그 밖에도 다양한 기기들이 지능화되고 있습니다. 기기의 지능화야말로 4차 산업혁명의 핵심요소랍니다.

그렇다면 4차 산업혁명은 인류의 역사에 어떤 변화를 가져올까요? 우선 기계 스스로 밤낮으로 작업할 수 있으니 생산량은 늘어나고 노동력은 줄어들 것입니다. 공장이나 농장은 물론이고 대형마트나 편의점에도 사람이 더는 필요 없게 된다는 뜻입니다. 또한 의료나 국방 분야를 비롯해 인체에도 첨단 기술이 적용될 수 있다고 하니 세상은 어마어마한 변화를 맞게 될 것입니다. 그렇다면 인류를 새로운 세계로 안내할 4차 산업혁명은 과연 어떻게 시작되었을까요?

4차 산업혁명의 등장

2011년, 독일 정부는 모든 제조업의 생산 방식을 새롭게 바꿔야 한다는 결론을 내렸습니다. 예전의 생산 방식으로는 낮은 인건비를 앞세운 개발도상국과 경쟁할 수 없게 되었거든요. 독일은 세계 최초로 4차 산업혁명이라는 용어를 사용하며 인더스트리 4.0(제조업 4.0) 정책을 추진했습니다. 4차 산업혁명을 다른 나라보다 먼저 준비한 셈이지요.

독일의 인더스트리 4.0 정책에서 핵심은 정보통신기술을 갖춘 스마트팩토리입니다. 스마트팩토리에서는 컴퓨터나 인터넷을 이용해 기계나 부속품이 정보와 데이터를 주고받습니다. 또한 기계마다 인공지능이 설치되어서 사람이 없어도 작업 진행 현황을 파악할 수 있습니다. 심지어 고장 난 곳을 수리할 때도 사람의 손을 필요로 하지 않습니다. 제품 생산 과정에서 노동자보다 첨단 기술이 더 큰 비중을 차지하게 되는 것이지요. 스마트팩토리라면 노동력이 풍부한 개발도상국과 경쟁해도 승산이 있겠죠?

사례탐구 스피드팩토리

1993년 아디다스는 독일 공장의 문을 닫고 동남아와 중국에서 제품을 만들었다. 그러다가 2016년에 다시 독일에 설립한 스피드팩토리에서 아디다스 퓨처크래프트라는 이름의 신발을 생산하기 시작했다. 로봇과 3D프린터로 제작되는 아디다스 퓨처크래프트는 개인맞춤형 신발이다. 고객이 소재와 색상과 깔창 등 모든 자재를 골라서 주문하면 여섯 대의 로봇이 다섯 시간 만에 운동화를 만들어 낸다.

스피드팩토리는 모든 작업을 기계가 하기 때문에 예전보다 인건비가 줄어든다. 또한 미국이나 유럽 등 소비자와 가까운 곳에서 생산을 하기 때문에 중국이나 베트남에서 생산할 때보다 운송비도 절약된다. 제품의 생산성이 높아질 수밖에 없다.

스피드팩토리는 유행의 변화에도 발 빠르게 대응할 수 있다. 원래 아디다스에서 운동화를 제작해 매장에 진열되기까지 1년 6개월 정도 걸리지만 스피드팩토리는 단 열흘 만에 소비자들이 원하는 제품을 만들어 낸다. 고객이 매장에 있는 로봇을 통해 주문을 하면 운동화를 즉시 제작해 주는 서비스도 곧 가능해진다고 한다.

▌ 아디다스 스피드팩토리에서 운동화를 만들고 있는 로봇. 여섯 대의 로봇이 1년에 50만 켤레
의 운동화를 생산할 수 있다.

  아디다스 사례를 보면 독일의 인더스트리 4.0정책과 스마트팩토리를 좀
더 쉽게 이해할 수 있습니다. 아디다스는 독일 회사이지만 독일의 공장에서
는 아디다스 운동화를 거의 생산하지 않았어요. 인건비가 지나치게 비쌌기
때문이지요. 아디다스는 어쩔 수 없이 중국이나 베트남 등 인건비가 저렴한
나라에 공장을 두고 제품을 생산했습니다. 그런데 저소득국가의 인건비가
조금씩 올라가면서 아디다스의 수익률은 떨어졌습니다. 아디다스뿐만 아니
라 독일의 다른 기업도 비슷한 상황이었습니다. 그대로 두었다가는 제조업
전체의 몰락은 불 보듯 뻔했습니다. 독일이 4차 산업혁명의 다른 이름인 인
더스트리 4.0정책을 시작한 이유입니다.

4차 산업혁명의 전망

4차 산업혁명은 2016년에 열린 **세계경제포럼**의 주제였습니다. 전문가들은 사물인터넷과 인공지능이 주도하는 4차 산업혁명이 사회 전체에 파괴적인 변화를 가져올 것이라고 전망했습니다. 특히 세계경제포럼의 클라우스 슈밥 회장은 과거의 산업혁명이 몇백 년에 걸쳐 몇몇 나라만 변화시킨 반면에, 새로운 산업혁명은 순식간에 전 세계의 경제와 사회, 문화, 정치를 바꿔놓을 것이라고 주장했습니다. 인류가 더 나은 세상으로 나아가려면 4차 산업혁명

사례탐구 로봇 세라

인공지능 로봇 세라가 2016년 세계경제포럼이 열린 다보스의 콩그레스센터에 등장했다. 포럼의 참석자인 에밀리는 세라와 이야기를 주고받다가 다음과 같은 질문을 던졌다.

"세라, 고등학생 아들인 피터가 자꾸 독립을 하겠다는데 어떻게 해야 할까?"

로봇 세라는 이렇게 대답했다.

"에밀리, 피터가 왜 그런 주장을 하는지 잘 생각해 봐. 내가 보기에 에밀리는 피터를 너무 어린아이 취급하는 것 같아."

세라의 대답을 들은 사람들은 모두 깜짝 놀랐다. 로봇에게 기대했던 대답의 수준을 훌쩍 뛰어넘었기 때문이다. 예전의 인공지능 로봇이 겉으로 드러난 음성과 표정에 반응했다면 세라는 좀 더 발전된 소통을 보여 주었다. 즉 인간의 감정과 심리를 파악해 그에 따라 반응하는 인공지능이 탄생한 것이다.

을 미리 준비해야 한다고 강조하면서요. 4차 산업혁명은 과거에 인류가 경험했던 산업혁명보다 엄청나게 빠른 속도로 진행되고 있기 때문입니다.

세계경제포럼에서 발표된 미래의 일자리 보고서는 많은 사람들을 충격에 빠트렸습니다. 앞으로 2020년까지 새로운 일자리가 210만 개가 생겨나는 반면에, 720만 개가 되는 기존의 일자리가 사라질 것이라고 예측했거든요. 또한 지금 초등학교에 입학하는 어린이들 중 65퍼센트는 지금으로선 상상도 못 할 새로운 직업을 갖게 된다고 합니다. 세계경제포럼이 4차 산업혁명에 대한 이 같은 전망을 쏟아내자 선진국은 물론 개발도상국들까지 4차 산업혁명에 촉각을 곤두세우기 시작했습니다.

4차 산업혁명은 시작되었을까?

일부 학자와 전문가들은 아직은 인터넷 혁명인 3차 산업혁명이 진행 중이라고 주장합니다. 오늘날의 변화는 3차 산업혁명의 핵심인 인터넷 기술을 기반으로 이루어졌기 때문입니다. 그러나 또 다른 여러 학자들은 다음과 같은 이유로 4차 산업혁명이 시작되었다고 주장합니다.

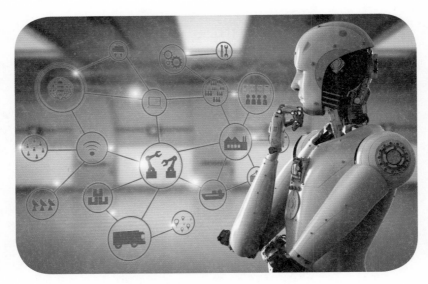

❚ 그동안 인간이 해 오던 일 가운데 많은 것들을 인공지능 로봇이 하게 될 것이다.

첫째, 혁신과 진보의 속도가 엄청나게 빠르다는 것입니다. 이전에 산업혁명을 이끈 증기기관이나 전기는 서서히 퍼져 나갔습니다. 그러나 오늘날의 첨단 정보통신기술은 기하급수적인 속도로 발전되고 있습니다. 기하급수란 급격한 성장을 뜻하는 말입니다. 1, 2, 4, 8, 16, 32배가 아니라 1, 2, 4, 16, 256, 6만 5,536배와 같은 폭발적 변화를 의미하죠. 인텔 창업자 고든 무어는 **마이크로칩**의 성능이 18개월마다 두 배씩 증가한다는 이론을 내놓았는데요. 초창기의 개인용 컴퓨터와 2017년의 스마트폰을 비교해 보면 무어의 법칙은 맞아 떨어집니다. 소비자들은 시간이 지날수록 더 좋은 컴퓨터를 더 저렴한 가격에 구입하게 되었죠. 첨단 기술의 빠른 진보야말로 혁명이 아닐 수 없습니다.

둘째, 연관되는 분야가 광범위하고 파급력도 엄청나다는 점입니다. 오늘날 제조업뿐만 아니라 생명과학, 건축, 교육 등 거의 모든 분야가 첨단 기술의 영향을 받고 있습니다. 합성유전체 회사인 신세틱 제노믹스 연구자들은 아주 작은 473개의 유전자로 구성된 생명체를 만들어 합성 인조인간이 탄생할 가능성을 열었습니다. 네덜란드에서는 3D프린팅 기술로 콘크리트 구조물을 만든 뒤 현장에서 조립해 8미터 길이의 다리를 설치했지요. 사회 곳곳에 어마어마한 영향을 미치는 첨단 기술은 4차 산업혁명의 신호탄이나 다름없습니다.

셋째, 국가와 사회의 구조에 엄청난 충격을 안겨 준다는 점입니다. 미국이나 영국 등 선진국에서는 10년 후 직업의 47퍼센트가 자동화될 가능성이 높답니다. 공장의 노동자뿐만 아니라 변호사나 의사, 기자, 회계사 등 전문직업인들도 자동화의 영향을 받게 됩니다. 말하자면 수많은 일자리가 사라지면서 실업자가 늘어날 전망입니다. 4차 산업혁명이 아니라면 전 세계의 이런 변화를 어떻게 설명할 수 있을까요?

알아두기

최초의 스마트폰은 8기가바이트짜리 대용량 메모리를 탑재한 제품이었다. 그 뒤로 메모리는 계속 향상되어 최근의 스마트폰은 128기가바이트로 늘어났다. 처음보다 열다섯 배가 늘어난 셈이다. 10년 뒤에는 스마트폰의 메모리가 2,000기가바이트가 될 것으로 예상된다.

지난 세 차례의 산업혁명은 200여 년에 걸쳐 제조업이나 공업 등 몇몇 분야에서 서서히 일어났습니다. 그러나 앞으로는 경제와 의료, 교육, 문화 등 사회 전 분야가 급작스럽게 바뀐다고 합니다. 따라서 4차 산업혁명은 이미 시작되었으며 그 영향력은 날로 커질 것입니다.

간추려 보기

- 4차 산업혁명이란 첨단 정보통신기술인 인공지능과 사물인터넷 등의 융합으로 이루어지는 산업혁명이다.
- 4차 산업혁명은 독일의 인더스트리 4.0 정책에서 처음 등장했으며, 2016년 세계경제포럼의 주제가 되면서 전 세계적으로 관심을 끌었다.
- 오늘날 등장한 첨단 기술은 아주 빠른 속도로 발전하면서 산업뿐만 아니라 의료, 생명과학, 교육 분야까지 영향을 미치고 있다. 더 나아가 국가와 사회 구조에 커다란 충격을 가져올 전망이다. 4차 산업혁명은 이미 시작되었으며 앞으로 그 영향력은 더욱더 확산될 것이다.

2

4차 산업혁명의 배경

1차 산업혁명은 증기기관으로 시작되었습니다. 2차 산업혁명의 핵심은 전기였습니다. 두 차례의 산업혁명으로 대량생산과 대량소비의 시대가 찾아왔습니다. 3차 산업혁명은 컴퓨터와 인터넷이 주도해서 정보화 혁명이라고도 합니다. 정보 기술이 발전하면서 기계나 사물이 똑똑해지는 4차 산업혁명이 시작되었습니다. 컴퓨터와 인터넷이 없었다면 4차 산업혁명은 일어나지 못했을 것입니다.

인류는 원래 여기저기 떠돌며 식량을 채집했습니다. 그러다 농업혁명이 일어나자 한곳에 정착해 곡식을 재배하고 가축을 길렀습니다. 1760년대에 이르러서는 증기기관의 발명으로 첫 번째 산업혁명이 시작되었습니다. 증기기관 덕분에 연료와 원료를 먼 곳까지 빠르게 운반했으며 기계를 사용하게 되면서 생산량이 증가했습니다. 그 결과 경제가 발전하고 정치와 사회에도 변화의 바람이 불었습니다.

1870년대에는 산업의 중심이 섬유나 제철 등 경공업에서 석유나 화학 등 중화학공업으로 전환되었습니다. 석유의 대량 공급으로 자동차나 트랙터가 빠르게 보급되었으며, 전기의 발명으로 곳곳에서 불을 밝히게 되었습니다. 아울러 전신과 전화 등 통신수단의 등장으로 2차 산업혁명이 시작되었습니다. 특히 자동차나 기차로 인해 세계는 가까워졌으며 전화나 라디오 덕분에 뉴스와 정보가 더 빠르게 전달되었습니다. 한편 전기의 사용으로 대량 생산이 활발해지면서 기업이 산업을 주도하기 시작했습니다.

1970년대에 시작된 3차 산업혁명은 정보화 혁명이라고 합니다. 컴퓨터 등 **정보 기술**의 활용으로 제조업의 생산 방식이 자동화되기 시작했습니다. 또한 사람들은 인터넷으로 지구촌 곳곳의 사건과 사고를 바로바로 확인했으며 필요한 정보를 아주 쉽게 주고받았지요. 그러다 건물 크기의 컴퓨터가 손바닥에 들어올 정도의 스마트폰으로 변하면서 사회 전반에 비약적인 발전이 일어났습니다. 컴퓨터와 인터넷의 발전으로 사람보다 똑똑해진 기계나 사물이 서로 연결되면서 4차 산업혁명을 주도하고 있습니다. 따라서 컴퓨터와 인터넷을 빼놓고는 4차 산업혁명을 설명할 수가 없지요.

컴퓨터의 등장

2차 세계대전 중에 등장한 컴퓨터는 전쟁터에서 포탄의 비행 거리를 측정하는 다목적 계산기였습니다. 또한 영국은 독일의 암호문을 풀기 위해 암호 해독용 컴퓨터를 만들었습니다. 이처럼 독일과 미국, 영국은 전쟁 기간 동안

알아두기

1890년대 말에는 망원경의 성능이 좋아져서 더 많은 별을 사진에 담게 되었다. 하버드 천문대의 천문학자들은 사진 속의 수많은 별들을 헤아리고 거리를 측정하고 궤도를 계산했다. 그런데 일이 워낙 단순하고 지루해서 천문학자들은 게으름을 피우기 일쑤였다. 그러자 하버드 천문대의 책임자였던 에드워드 찰스 피커링은 젊고 똑똑한 여성들을 채용해 자료 정리와 계산을 맡겼다. 바로 이들을 일컫는 이름이 계산하는 사람(computer) 즉 컴퓨터였다. 즉 컴퓨터라는 단어는 우리가 지금 사용하는 컴퓨터가 생기기 이전부터 있었던 것이다. 훗날 이런 계산을 대신하는 기계가 등장하자 다들 그 기계를 컴퓨터라고 불렀다.

컴퓨터를 개발하기 위해 당대의 첨단 과학 기술을 동원했습니다. 전쟁이 끝나자 군사용 컴퓨터는 상업용 컴퓨터로 탈바꿈했습니다. 이내 성능이 향상된 컴퓨터는 인간이 어려워하는 미적분까지 술술 풀었습니다. 컴퓨터 설계자들은 인간이 **프로그래밍**만 잘해 주면 컴퓨터가 더 대단한 일도 해낼 수 있겠다고 생각했습니다. 그래서 이런저런 방법을 적용했더니 컴퓨터가 숫자뿐만 아니라 글자와 문서까지 처리하게 되었지요. 게다가 자료의 처리 속도와 저장 용량이 놀랄 정도로 빠르게 증가되었습니다. 그래서 좀 더 어려운 문제를 풀어보도록 시켰지요. 컴퓨터는 대수학자인 버트런드 러셀이 6년간의 노력 끝에 집필을 완성한 《수학원리》 속 공리를 증명해 냈으며, 아마추어 수준으로 체스를 두기 시작했습니다.

슈퍼컴퓨터

1997년에는 IBM의 딥블루가 이목을 끌었습니다. 딥블루는 IBM의 과학자들이 8년에 걸쳐 만든 슈퍼컴퓨터입니다. 높이는 2미터로 32개의 마이크로프로세서와 512개의 체스 칩이 내장되었습니다. 인간과 체스 시합을 벌일 목적으로 제작되었죠. 사실 체스에서 나올 법한 경우의 수는 10^{50}가지라고 합니다. 딥블루는 대부분의 수를 따져서 가장 좋은 수를 선택하도록 프로그래밍 되었습니다. 과거 100년간 열린 주요 체스 경기의 기록과 유명 선수들의 경기 스타일이 저장되어 있었습니다. 1초에 2억 개에 이르는 경우의 수를 계산할 수 있었지요. 뛰어난 연산 능력 덕분에 딥블루는 세계체스챔피언 카스파로프와 대결해 승리를 거두었습니다.

한편 딥블루 같은 슈퍼컴퓨터의 등장으로 과학기술 연구에 드는 비용과

▌슈퍼컴퓨터의 서버 룸. 국방이나 우주개발, 재난 예방뿐 아니라 자동차와 전자, 신소재 등
주요 산업 분야에서 활용하고 있다.

시간이 크게 줄어들었습니다. 느릿느릿 계산하는 일반 컴퓨터로는 도저히
풀지 못하는 문제도 슈퍼컴퓨터는 척척 풀어 냈거든요. 그 결과 국방이나 우
주개발, 재난 예방 등 국가적인 분야뿐만 아니라 자동차와 전자, 신소재 등
주요 산업 분야에서 슈퍼컴퓨터를 활용하게 되었습니다.

고성능 슈퍼컴퓨터

딥블루 이후 IBM은 새로운 도전을 시작했습니다. 미국의 유명한 텔레비
전 퀴즈쇼인 '제퍼디'에서 인간을 이기는 것이었지요. 인간 수준의 이해력과
분석력을 갖추는 것이 목표였습니다. 개발은 2005년부터 시작되었는데 인간

의 언어를 실시간으로 분석해야 했기 때문에 체스 시합에 대비하는 것보다 훨씬 더 어려웠습니다. 사람의 목소리를 알아듣고 인간이 묻는 질문에 음성으로 답하는 컴퓨터를 개발해야 했기 때문이지요. 5년 동안 15명의 연구자들이 이 문제를 해결하기 위해 매달렸답니다.

마침내 2011년, IBM 초대 회장의 이름을 딴 왓슨이 퀴즈쇼에 출연했습니다. 그리고 예전의 챔피언인 켄 제닝스와 브래드 루터를 상대로 대결을 벌인 끝에 1위에 올라 상금 100만 달러를 획득했지요. 왓슨은 인간의 질문을 알아듣고 몇 초 안에 답을 찾아내 인간의 언어로 완벽하게 대답했기 때문에 인간의 지능을 넘어섰다는 평가를 받았습니다.

그런데 왓슨은 어떤 능력을 갖고 있었기에 퀴즈쇼에서 우승을 거둘 수 있었을까요? 슈퍼컴퓨터인 왓슨은 1초에 80조 개를 연산할 만큼 처리 속도가

❙ 딥블루에게 패배한 뒤 얼굴을 감싼 카스파로프

가리 카스파로프

가리 카스파로프는 역사상 가장 위대한 체스 기사로 손꼽힌다. 1985년 스물두 살의 나이로 최연소 세계체스챔피언 타이틀을 거머쥔 뒤 줄곧 세계 정상을 지켰다. 2005년 은퇴할 때까지 세계 랭킹 1위를 고수한 전설적인 인물이다. 2,000번 넘게 경기를 치렀는데 80번 정도만 패배했으니 얼마나 실력이 뛰어난 체스 프로기사인지 짐작할 수 있다.

무척 빠른 데다 방대한 양의 데이터를 저장할 수 있습니다. 더구나 인공지능이 결합된 상태라 1초에 책 100만 권 분량의 데이터 분석과 처리가 가능합니다. 그 이후로 왓슨은 은행에서 대출 자료를 분석하거나 병원에서 환자 상태를 파악하는 등 다양한 업무를 맡고 있습니다. 이제 컴퓨터는 단순히 연산만 하는 기계가 아니라 사람처럼 생각하고 판단하는 인공지능의 위치로 올라섰습니다.

인터넷의 등장

인터넷은 정보를 교환할 수 있도록 전 세계의 컴퓨터가 연결된 통신망입니다. 인터넷의 시작은 1969년 미국 국방성의 군사 프로젝트였습니다. 냉전시대 미국은 전쟁으로 시설이 파괴되어도 정보를 주고받을 수 있는 통신망이 필요했어요. 소련의 핵공격에 대비하기 위해서였지요. 그래서 과학자들은 서로 다른 곳에 있는 컴퓨터들을 연결할 수 있는 방법을 찾아내, 이 방법을 아르파넷이라고 불렀습니다. 그리고 몇 년 뒤 미국 국방성은 아르파넷이 수행하던 기능들을 미국과학재단으로 이전하였습니다. 미국과학재단에서 미국 전역의 슈퍼컴퓨터를 연결하게 되자 아르파넷은 인터넷으로 새롭게 태어나 세계적인 통신망이 되었습니다.

그리고 1991년 **월드와이드웹**(WWW, World Wide Web)이 개발, 배포되면서 인터넷이 상업화되었습니다. 접근하기 쉬운 **웹**이 늘어나고 성능 좋은 개인용 컴퓨터가 보급되면서 인터넷 이용자는 연구자 집단에서 벗어나 일반 시민으로 확대되었지요. 전 세계의 대학과 기업과 개인 이용자들이 하나의 통신망으로 연결되었답니다.

인터넷의 발전

인류는 인터넷을 기반으로 새로운 사회를 만들어 냈습니다. 전 세계가 인

▎ 인터넷으로 수많은 정보가 축적, 공유되고 장소나 거리에 얽매이지 않고 일할 수 있게 되었다.

터넷으로 연결되면서 다양한 정보가 쏟아져 나왔어요. 또한 온라인으로 친구와 이야기를 주고받고 외국어 수업을 받고 옷을 사는 등 생활도 예전과 크게 달라졌지요. 그래도 여기까지는 사람이 연결의 중심이었습니다. 그런데 몇 년 전부터 사람과 사물이 인터넷을 통해 연결되기 시작했습니다. 예를 들어 집에서 아무리 멀리 떨어져 있어도 스마트폰만 있으면 집 안의 가스밸브까지 잠글 수 있게 되었어요. 사람이 먼 거리의 사물과 정보를 주고받게 된 것이지요. 인터넷을 통해 사람들끼리 연결되었는데 이제는 사람과 사물이 연결되는 아주 놀라운 시대가 열린 것입니다. 인간처럼 생각하는 컴퓨터와 사물과 연결되는 인터넷으로 인해 인류는 4차 산업혁명에 바짝 다가섰습니다.

간추려 보기

- 증기기관과 전기의 등장으로 두 차례의 산업혁명을 거친 뒤 컴퓨터와 인터넷이 주도하는 3차 산업혁명이 시작되었다. 그리고 컴퓨터와 인터넷의 발전으로 인류는 새로운 산업혁명을 맞이하게 되었다.
- 다목적 계산기에 불과했던 컴퓨터는 과학 기술이 발달하면서 처리 속도와 저장 용량이 향상되었다. 곧이어 등장한 슈퍼컴퓨터는 1초에 2억 개에 이르는 경우의 수를 처리해 냈다. 그 후 인공지능 컴퓨터가 인간의 질문을 알아듣고 인간의 언어로 답하게 되었다.
- 미국 국방성에서 다른 곳에 있는 컴퓨터끼리 통신할 수 있는 방법을 찾아내 아르파넷이라고 불렀다. 아르파넷은 훗날 미국 전역의 슈퍼컴퓨터를 연결하면서 인터넷이 되었다.
- 사람들을 연결시켜 주던 인터넷은 사람과 사물을 연결하기 시작했다.

4차 산업혁명의 핵심 기술

4차 산업혁명은 기계와 지능과 정보의 결합입니다. 사람과 사물 또는 사물과 사물이 끝없이 이어지면서 사물인터넷이 되고 여기에 인공지능과 빅데이터가 추가되어 예전과는 전혀 다른 세상이 펼쳐집니다. 또한 공공거래장부인 블록체인이 세계 경제를 크게 변화시킬 것으로 예상됩니다. 즉 인공지능과 사물인터넷과 빅데이터와 블록체인이 4차 산업혁명의 핵심 기술입니다.

4차 산업혁명은 인터넷이나 컴퓨터 등 정보통신기술이 기존의 산업이나 과학과 융합해 폭발적인 변화를 일으키는 산업혁명입니다. 예를 들어 지금까지는 신약을 개발하려면 엄청난 돈과 시간을 쏟아부어야 했는데요. 신약을 시장에 내놓기까지는 10년의 시간과 3조 원의 비용이 들지만 신약 개발의 실패율은 무려 94퍼센트에 달합니다. 더구나 끔찍한 동물실험을 거친다면 윤리적인 문제까지 안게 되지요.

혹시 컴퓨터에게 신약 개발을 맡기면 어떨까요? 컴퓨터는 환자에게 가장 알맞은 몇 가지 신약의 **분자구조**를 파악해 제시할 수 있습니다. 게다가 컴퓨터가 제시한 분자구조로 실험을 하면 당연히 개발하는 데 드는 비용과 시간도 크게 줄어들겠지요. 조만간 컴퓨터가 인류를 위한 신약 개발에 큰 공을 세울지도 모릅니다.

그런데 컴퓨터가 신약 개발에 성공하려면 어떤 기술이 필요할까요? 우선 컴퓨터는 사람처럼 생각하고 판단할 수 있는 인공지능을 갖추어야 합니다. 그리고 신약과 질병에 대한 엄청난 빅데이터를 저장하고 있어야 합니다. 또한 실험실의 도구나 장비가 인터넷으로 연결되는 사물인터넷 환경이 필요합니다. 사실 신약 개발뿐만이 아닙니다. 드론이나 3D프린팅이나 유전자가위

등 4차 산업혁명의 새로운 기술은 인공지능과 사물인터넷과 빅데이터가 바탕을 이루고 있습니다.

인공지능

인공지능은 컴퓨터가 인간처럼 생각하고 판단하며 스스로 행동하도록 만드는 기술입니다 즉 컴퓨터가 인간의 지능적인 행동을 모방하는 것이지요. 예전에는 컴퓨터에게 어떤 물체를 알아보게 하려면 설명을 해 줘야 했습니다. 예를 들어 사람의 얼굴에는 눈썹과 눈, 코, 귀, 입이 있다는 정보를 컴퓨터에 입력해 학습시켰지요. 그렇지만 아무리 설명해 줘도 컴퓨터는 세상을 이해하지 못했습니다. 과학자들은 생각을 바꿨습니다. 아이가 경험을 통해 개와 고양이를 구별하듯 컴퓨터에 개와 고양이의 자료를 무작정 집어넣기로 했습니다. 그리고 인간의 가르침 없이 컴퓨터 스스로 학습해 답을 찾도록 프로그램을 짰습니다. 바로 딥러닝 기술입니다.

▌ 컴퓨터 분석: 자동차가 자율주행 장치로 비포장도로를 달리고 있다.

딥러닝 기술이 등장한 이후로 인간은 컴퓨터에게 세상을 설명하지 않았습니다. 세상에 관한 엄청나게 많은 데이터를 그냥 집어넣었습니다. 물론 빅데이터가 있었기에 가능한 일이었지요. 그 후 컴퓨터는 사진이나 동영상, 음성 등 수많은 데이터를 스스로 분석하고 이해하기 시작했습니다. 그 결과 마이크로소프트 사가 2014년에 개발한 시스템은 물체를 정확히 파악하게 되었습니다. 카메라로 고양이를 보여 주면 페르시안 고양이라는 답을 내놓았거든요. 고양이라는 것뿐만 아니라 어떤 종인지까지도 파악한 거예요. 사진만이 아닙니다. CCTV 같은 영상을 보면 어떤 상황인지 알아냈습니다. 사람이 오토바이를 타고 달리는 장면, 학생들이 원반던지기를 하는 장면 식으로 정확히 이해해 언어로 표현했습니다.

마치 아이가 여러 가지 경험과 지식을 통해 세상을 하나씩 파악하듯이 컴퓨터는 스스로 학습하고 추론하면서 세상의 이치를 깨닫게 되었습니다. 처음에는 서너 살 아이처럼 개와 고양이를 구분하더니 얼마 지나지 않아 세계 최고의 바둑기사와 대결해 승리를 거두었습니다. 인공지능 컴퓨터가 딥러닝 기술에 따라 빅데이터를 스스로 분석하며 나날이 똑똑해지고 있기 때문에 언젠가는 인류의 어려운 문제까지 해결할지 모릅니다.

집중탐구 *알파고*

2015년에 구글은 컴퓨터에게 '벽돌깨기' 비디오게임을 학습시켰다. 학습이라고 해봤자 '벽돌깨기' 게임을 하는 인간을 지켜보는 것뿐이었다. 이윽고 컴퓨터는 점수를 높이라는 지시에 따라 규칙도 모른 채 게임을 시작했다.

처음 10분 동안 컴퓨터의 게임 실력은 형편없었다. 벽돌을 제대로 맞추지 못해 점수를 놓치기 일쑤였다. 그런데 120분가량 게임을 진행했을 때 변화가 시작되었다. 인간처럼 능숙하게 게임을 진행했던 것이다. 컴퓨터는 공을 튕겨 벽돌을 깨면 점수가 올라가고 공을 빠트리면 점수가 깎이는 상황을 경험하면서 게임의 규칙을 파악해 냈다. 240분이 지나자 컴퓨터는 기발한 방법을 스스로 찾아내어 아주 빠른 속도로 벽돌을 깼다. 그 모습을 본 과학자들은 입을 다물지 못했다. 어떤 인간도 생각해 내지 못한 방법이었기 때문이다.

그로부터 1년 뒤 구글의 컴퓨터는 알파고라는 이름을 붙인 채 프로바둑기사 이세돌 9단과 바둑 대결을 펼쳐서 승리를 거두었다. 놀랍게도 알파고는 '벽돌깨기' 게임을 할 때처럼 스스로 바둑을 두면서 실력을 높였다. 알파고는 스스로 원리를 익힌 뒤 바둑 시합의 기록을 보면서 전략을 짰다. 명령과 응답이 기본 체계였던 컴퓨터가 사람처럼 생각하고 판단하게 된 것은 획기적인 사건이었다. 딥러닝 기술이 프로그래밍 된 컴퓨터는 사람이 해결하지 못하는 문제도 얼마든지 풀 수 있다. 앞으로 반도체 설계나 실시간 통역 등 상당한 지식을 요구하는 업무조차 알파고는 단숨에 해결할 가능성이 높다.

빅데이터

수많은 데이터의 거대한 모음을 빅데이터라고 합니다. 컴퓨터나 스마트폰 사용자들의 SNS나 문자, 동영상을 비롯해 도로와 공공건물에 설치된 CCTV 영상 등 정보의 규모가 엄청나게 늘어나면서 빅데이터가 형성되었습니다.

빅데이터는 3차 산업혁명의 결과물입니다. 인터넷의 발전으로 수많은 데이터들이 나타났으니까요. 그런데 빅데이터는 별로 쓸모가 없었습니다. 컴퓨터가 데이터를 처리할 능력이 없었거든요. 그렇지만 슈퍼컴퓨터가 등장해 딥러닝 기술로 학습하기 시작하면서 빅데이터는 아주 중요한 자원이 되었습니다. 컴퓨터에 빅데이터만 집어넣으면 스스로 학습하고 추론하며 결론까지 내리게 되었으니까요. 빅데이터로 인해 컴퓨터는 똑똑한 인공지능으로 바뀌게 되었습니다.

빅데이터의 장점은 과거와 현재를 바탕으로 미래를 예측할 수 있다는 것입니다. 데이터를 분석해 어떤 사람이 대통령으로 뽑힐지, 어떤 제품이 더 소비자에게 인기를 끌지도 예측할 수 있습니다. 독감이 유행할 지역을 미리 찾아낼 수도 있습니다. 빅데이터의 잠재성을 가장 먼저 알아차린 곳은 기업이 었습니다. 인터넷 쇼핑몰의 선구자인 아마존은 고객이 어떤 책을 구입하는

사례탐구 대기업의 빅데이터 수집

거대 인터넷 기업들은 빅데이터 주도권을 쟁취하기 위해 과감한 투자를 하고 있다. 빅데이터를 확보하는 기업이 미래 시장을 이끌어 갈 것으로 기대되기 때문이다. 페이스북은 인터넷이 보급되지 않는 지역에 드론인 아퀼라를 띄울 예정이다. 아퀼라는 구름보다 높은 곳에서 레이저로 인터넷 통신을 지상으로 공급하는 역할을 맡고 있다. 또한 마이크로소프트는 나틱이라는 프로젝트를 통해 해저에 데이터 센터를 구축할 계획이다. 세계 인구의 50퍼센트가 해안가에 거주하므로 자료의 처리 속도가 높아져서 빠른 데이터 수집을 기대할 수 있다. 지난해 아마존과 구글과 마이크로소프트 등이 데이터를 수집하는 데 315억 달러, 즉 36조 원에 이르는 비용을 투자했다고 한다. 이처럼 데이터의 중요성을 깨달은 기업들이 데이터 수집에 과감한 투자를 하고 있다.

▌ 페이스북의 태양광 드론 아퀼라. 아퀼라는 보잉 737보다 긴 날개를 장착하고 있으며 태양에너지를 이용해 한 번에 3개월 정도 비행할 수 있다. 아퀼라는 자동차 한 대보다 가볍다.

지 데이터를 분석합니다. 그리고 고객이 좋아할 만한 책을 추천하면서 할인 쿠폰을 지급합니다. 빅데이터를 마케팅에 도입한 것이지요.

요즘은 기업뿐만 아니라 정부에서도 빅데이터를 활용하고 있습니다. 서울시에서 운영 중인 올빼미 버스는 빅데이터를 활용한 성공 사례로 꼽히고 있습니다. 올빼미 버스는 시내버스가 다니지 않는 새벽에 운영되는 심야 전용 버스입니다. 서울시에서는 어떤 경로로 노선을 정해야 더 많은 사람들이 이용할 수 있을까 고민하다가 빅데이터를 활용하기로 했습니다. 심야에 시민들이 이용한 통신사의 통화량 데이터 30억 건과 심야택시 위치 정보 60만 건을 분석했습니다. 그 결과 처음 44대로 시작되었던 올빼미 버스는 4년 만에 70대로 늘어날 정도로 시민들의 인기를 끌고 있습니다.

4차 산업혁명 시대에 빅데이터는 새로운 자본이나 다름없습니다. 빅데이터를 많이 가진 기업이나 기관이 성장할 수밖에 없으니까요. 또한 인공

생각해 보기

영국과 미국에서 시행 중인 범죄예측시스템 프레드폴은 범죄를 저지를 가능성이 높은 인물을 찾아낸다. 범죄 사건의 데이터와 범죄자의 SNS를 분석해 앞으로 죄를 저지를 가능성을 예측하는 것이다. 물론 범죄를 예방할 수 있는 좋은 수단이라고 환영하는 사람들이 많다. 그러나 SNS, 문자, 이메일, 통화 내역 등 개인정보로 구성된 빅데이터를 범죄 예측에 활용하는 것에 대해 우려하는 목소리도 있다. 누군가를 잠재적인 범죄자로 낙인찍고 사생활을 감시하기 때문이다. 과연 빅데이터를 활용한 범죄 예측은 우리 사회에 필요할까?

지능이나 사물인터넷이 더 똑똑해지려면 빅데이터가 필요합니다. 첨단 기술의 발전에 꼭 필요한 빅데이터는 4차 산업혁명에서 빼놓을 수 없는 핵심 기술입니다.

사물인터넷

사물인터넷(Internet of Things)은 사물에 센서를 부착해 인터넷으로 정보를 주고받는 기술입니다. 영어 머리글자를 따서 아이오티(IoT)라고 부르기도 합니다. 인터넷은 처음에는 사람과 사람을 이어 주었습니다. 인터넷 덕분에 사람들은 언제 어디서나 대화를 나누었지요. 그런데 얼마 지나지 않아 인터넷이 사람과 사물을 연결해 주었어요. 예를 들어 스마트폰을 누르면 집에 있는 가전기기들이 작동되었답니다.

그런데 놀랍게도 기술 발전은 거기에서 끝나지 않았습니다. 사람이 손끝하나 까딱하지 않아도 사물끼리 인터넷으로 연결되어 정보를 주고받기 시작했습니다. 사물인터넷의 시대가 열린 것이지요. 예를 들어 사람이 잠들자마자 저절로 꺼지는 전등이 있습니다. 어떻게 이런 일이 가능할까요? 침대 매트리스에 설치된 센서가 사람의 움직임이나 숨 쉬는 소리를 측정한 뒤 전등의 센서로 정보를 전달하기 때문입니다. 제조업이나 의료업에도 사물인터넷은 대단한 영향력을 발휘합니다. 공장에서는 기기들이 서로 정보를 교환하면서 작업을 진행하고, 일하는 사람들의 신체에 부착한 기기들은 건강 상태를 실시간으로 의사에게 전달해 주니까요.

사물은 센서로 주변을 인식합니다. 센서를 통해 온도나 습도, 위치, 동작등 정보를 파악하는 것이지요. 그런데 앞으로 10년 뒤에는 사물인터넷에 사센서란 외부 정보를 감지해 전기적 신호로 바꾸어 주는 장치다. 사물인터넷에서는 센서의 역할이 무엇보다 중요하다. 센서가 있으면 인간이 기계에게 지시하거나 버튼을 누르지 않아도 인터넷에 연결된 사물이 스스로 작동하기 때문이다.

일상생활에서 쉽게 접할 수 있는 센서는 온도, 초음파, 조도 센서다. 맥박과 혈압, 혈당을 측정하는 바이오센서는 의료기기에 주로 이용된다. 최근에는 사람들의 얼굴이나 동작을 인식하는 기술에서부터 뇌파 즉 사람들의 생각을 측정하는 쪽으로 센서 기술이 발전해 나가고 있다.

우리가 사용하는 스마트폰에는 가속도센서와 온도센서, 소리센서, 지문센서 등 열 가지 종류의 센서 20개가 사용되며, 스마트자동차의 경우 자동차 한 대에 150개에서 200개에 달하는 센서가 달려 있다.

용되는 센서가 1조 개를 넘어설 것으로 예상됩니다. 사물과 사물의 연결이 더 활발해진다는 뜻입니다. 머지않아 가정과 직장의 거의 모든 기기들이 인터넷에 연결되겠지요. 그때가 되면 사물이 인터넷에 연결되지 않았던 세상은 참 답답했겠다고 생각할지도 모릅니다. 따라서 사물인터넷이야말로 3차 산업혁명 시대와 4차 산업혁명 시대를 구분해 주는 경계선이 될 것입니다.

융합 기술

융합 기술은 과학 기술과 학문 분야를 결합해 효과를 극대화시키는 것입니다. 과거에는 단순히 기술의 융합만 이루어졌지만 이제는 기술과 정보와 인간이 융합되는 단계로 나아가고 있습니다. 융합 기술은 인간의 삶과 에너지, 환경, 안전 등 생활 곳곳에 변화를 가져다줄 것으로 예상됩니다.

특히 정보통신 기술을 비롯해 **나노 기술**과 **생명공학 기술**이 결합하면서 4차 산업혁명을 주도할 것으로 전망됩니다. 예를 들어 인공망막 보조시스템은 망막이 손상된 환자의 시신경 말단을 자극해 시력을 회복시켜 줍니다. 이러한 전자 신경기기는 생명공학 기술과 정보통신 기술이 융합된 사례입니다.

알아두기

포켓몬고는 포켓몬스터 캐릭터와 증강현실을 접목한 게임이다. 스마트폰 앱을 실행하면 카메라가 현실의 풍경을 인식하고 그 위에 포켓몬이 등장한다. 따라서 모든 환경이 가상의 모습인 가상현실과는 차원이 다르다. 사용자가 포켓몬고를 실행하고 스마트폰을 들고 걸어 다니면 화면 속에 포켓몬이 나타났다가 사라졌다가 한다. 사용자는 해당 장소로 몬스터볼을 던져서 포켓몬을 잡을 수 있다.

❙ 증강현실게임인 포켓몬고. 눈에 보이는 주변 환경에 컴퓨터로 만든 3D 그래픽을 얹었다.

그렇다면 나노로봇은 어떤 기술의 융합일까요? 미국의 드렉셀대학에서는 우리나라의 김민준 교수가 항암제를 운반할 수 있는 나노로봇을 연구 중입니다. 김민준 교수는 나노로봇이 인체 내의 모세혈관이나 안구 속으로 들어갈 방법을 찾고 있습니다. 바로 생명공학 기술과 나노 기술을 융합한 것이지요. 나노 기술과 정보통신 기술의 융합은 어떤 결과를 가져올까요? 여러 수치를 한꺼번에 처리할 수 있는 양자 컴퓨터나 페인트처럼 칠할 수 있도록 만든 나노태양전지를 개발할 수 있습니다.

융합 기술에는 현실과 가상의 융합도 포함됩니다. 예전에는 현실과 가상이 분리되었으므로 시청자는 화면을 지켜보기만 했습니다. 이제는 화면 속 공간으로 들어가 체험을 할 수 있습니다. 예를 들어 가상현실로 들어가면 고층건물 꼭대기에서 곧 떨어질 것처럼 아찔하고 위험한 느낌을 생생하게 체험할 수 있습니다. 즉 헤드셋으로 컴퓨터가 만들어 낸 이미지들을 보면서 가상현실을 체험하는 것이지요. 가상현실은 게임과 방송과 영화 등 미디어 분야에서 많이 활용되고 있는데 앞으로는 산업과 교육, 의학 분야로 확산될 것으로 보입니다.

블록체인

2016년에 세계경제포럼은 보고서를 통해 블록체인 시대를 선언했습니다. 2017년에는 전 세계 금융기관 가운데 80퍼센트가 블록체인을 도입할 것이며, 2025년에는 8조 달러에 이르는 거래 내역이 블록체인에 저장될 것이라고 예상했습니다. 공공거래장부라고 불리는 블록체인은 어떤 것일까요? 우선 블록체인 기술이 사용된 비트코인에 대해서 잠깐 살펴보겠습니다.

사례탐구 자동차의 블록체인

미국의 컴퓨터 제조업체인 IBM은 자동차에 블록체인기술을 결합시키고 있다. 자동차가 판매되는 순간 제조사와 보험사와 정비회사가 각각 자동차의 장부를 갖게 되는 것이다. 자동차에 왜 블록체인기술이 필요할까? 지금까지는 자동차 사고가 나더라도 보험 처리를 하지 않고 정비회사에서 수리하면 자동차의 사고 이력이 기록되지 않았다. 그러나 블록체인이 적용되면 정비회사의 수리 내역이 제조사와 보험사에 전달되어 하나의 블록이 형성된다. 자동차 소유자가 정비회사에 부탁해 사고 기록을 지운다고 해도 제조사와 보험사에는 사고 기록이 고스란히 남아 있게 된다.

서울시에서는 장안평 중고차 매매시스템에 블록체인기술을 도입하기로 했다. 그렇게 되면 중고차 판매업체와 보험사와 정비소가 컴퓨터상의 거래 장부를 함께 갖게 되므로 사고 내역이나 정비 사항, 주행거리를 속이기가 어려워진다. 블록체인 기술 덕분에 중고자동차 시장에서 거래 투명성과 신뢰성이 높아지는 것이다.

비트코인은 지폐와 달리 컴퓨터 상에 데이터로만 존재하는 전자화폐이자 가상화폐입니다. 데이터는 얼마든지 복제할 수 있으므로 비트코인 역시 복제될 수 있습니다. 따라서 비트코인이 돈으로 인정받으려면 데이터를 고치거나 복제하지 못하게 할 장치가 필요합니다.

세계 최초로 비트코인을 개발한 사토시 나카모토는 비트코인의 모든 사용자가 함께 거래장부를 관리하도록 했습니다. 비트코인을 주고받을 때마다 컴퓨터상의 거래장부에 거래내역을 적은 뒤 모든 사용자가 나누어 갖는 것이지요. 이렇게 주고받는 거래정보를 덩어리라는 뜻의 블록이라고 부르는데 완성된 블록들은 체인처럼 차례차례 연결됩니다. 즉 블록체인은 거래정보가 줄줄이 달려 있는 거래장부를 가리킵니다.

▌블록체인은 모든 사용자 간에 거래 정보를 공유하는 기술이다. 정보는 숨겨 두어야 한다는 기존 상식을 뒤집은 것이다. 정보를 지키려고 막대한 경비를 지출할 필요가 없으므로 금융기관뿐만 아니라 기업과 정부에서도 적극 도입하고 있다.

블록체인은 수많은 사용자가 함께 관리하는 공공거래장부이므로 안전하고 투명합니다. 위조나 변조, 해킹의 위험이 없습니다. 그래서 블록체인기술은 비트코인뿐만 아니라 국제송금이나 소액결제 등 실제 금융에도 적용되고 있습니다. 그 밖에도 지적재산권이나 유통, 행정서비스까지 블록체인의 활용분야는 계속 늘어나고 있지요. 전문가들은 블록체인으로 미래의 경제가 큰 변화를 맞을 것이라고 전망하고 있습니다.

간추려 보기

- 4차 산업혁명의 핵심 기술은 인공지능과 사물인터넷, 빅데이터, 블록체인이다. 즉 초지능과 초연결과 초융합의 시대가 다가오고 있다.
- 인공지능은 컴퓨터가 인간의 지능을 흉내 내는 것이다. 최근에 등장한 몇몇 컴퓨터는 딥러닝 기술로 스스로 학습한 결과 인간처럼 생각하고 판단하는 인공지능을 갖게 되었다.
- 기계나 사물이 똑똑해지려면 빅데이터가 필요하다. 따라서 빅데이터는 4차 산업혁명 시대의 자원이라고 볼 수 있다.
- 사물에 센서가 부착되어 인터넷과 정보를 주고받는 사물인터넷이야말로 우리의 삶을 완전히 바꾸어 놓을 것이다.
- 거래 정보가 줄줄이 달린 컴퓨터상의 거래장부인 블록체인을 수많은 사람들이 함께 관리하게 된다면 안전하고 투명한 거래가 이루어질 것이다.

4차 산업혁명의 세계

인공지능과 빅데이터, 사물인터넷의 융합은 어마어마한 결과를 가져왔습니다. 제조업
뿐만 아니라 의학과 교육 분야에도 혁신적인 변화가 일어났습니다. 첨단 기술의 눈부
신 발전을 곳곳에서 확인할 수 있습니다. 새로운 4차 산업혁명의 세계가 우리의 눈앞
에 펼쳐지고 있는 것입니다.

산업 현장이나 일상생활에 사용되는 첨단 기기를 보면 4차 산업혁명이 피부로 느껴질 정도입니다. 예전에는 상상도 못한 장치나 기계가 하룻밤 사이에 등장하고 있으니까요. 과연 4차 산업혁명은 얼마나 새로운 변화를 일으키고 있을까요?

무엇보다 청소기를 보면 그 변화의 정도를 짐작할 수 있습니다. 이제 사람이 끌고 다니는 청소기는 전혀 새롭지 않습니다. 시작이나 예약 버튼만 눌러두면 스스로 돌아다니며 바닥을 치우는 로봇청소기가 나타났거든요. 그런데 청소기의 진화는 거기에서 그치지 않았습니다.

일본에서 개발된 로봇청소기 룰로는 청소를 할지 말지 스스로 판단합니다. 마치 방이 지저분하니 청소해야겠다고 생각하는 사람처럼 말이죠. 게다가 룰로는 시끄러워도 되는 낮이나 사람이 없는 시간을 골라서 청소를 합니다. 먼지가 좀 더 많이 쌓인 곳을 집중적으로 닦을 줄도 압니다.

룰로가 이렇게 똑똑해진 이유는 사물인터넷과 빅데이터와 인공지능이 융합했기 때문입니다. 이렇게 첨단 기술이 등장함에 따라 청소기뿐만 아니라 안경과 시계와 자동차 등 온갖 사물이 인간처럼 행동하기 시작했습니다. 더 나아가 공장과 주택과 도시까지 똑똑해지고 있습니다.

자율주행자동차

자동차가 4차 산업혁명의 첨단 기술과 만나자 자율주행자동차로 변신했습니다. 자율주행자동차는 운전자가 차량을 운전하지 않아도 스스로 움직입니다. 자율주행자동차의 수준은 어디까지 왔을까요?

2016년에 싱가포르에서는 자율주행택시가 세계 최초로 일반 승객을 대상으로 시험 운행을 했습니다. 지금은 12대의 자율주행택시만 일부 지역에서

집중탐구 **자율주행자동차의 단계**

국제자동차공학회는 자율주행자동차의 수준을 0단계에서 5단계까지 분류했다. 0단계는 자율주행 기능이 없는 일반 차량이며 1단계는 지정해 둔 속도에 맞춰 달리는 정도다. 2단계는 부분 자율주행으로 자동으로 속도를 줄이거나 멈춰 서는 것이 가능하다. 운전자가 운전대에서 잠시 손을 떼더라도 자동차는 어느 정도 거리를 차선을 유지하며 달린다. 3단계는 조건부 자율주행으로 자동차는 발달된 센서나 레이더를 통해 도로 상황을 분석하며 일정 구간을 스스로 운행한다. 그렇지만 운전자는 운전석에서 돌발 사태를 대비하면서 언제라도 운전할 준비를 하고 있어야 한다.

4단계는 고도 자율주행으로 운전자의 개입 없이도 목적지까지 안전하게 도달할 수 있다. 그러나 위급한 상황에서는 운전자가 운전대를 잡고 속도를 줄이는 것이 가능하다. 마지막으로 5단계는 완전 자율주행으로 사람이 타지 않고도 움직이므로 운전대와 브레이크가 없다. 긴급 상황에는 인공지능과 각종 센서들이 대응한다. 사람이 탑승하지 않아도 자동차는 목적지까지 갈 수 있다. 현재 자율주행기술은 4단계까지 와 있다.

▌세계 최고의 검색 사이트를 운영 중인 구글의 자회사인 웨이모가 4단계의 자율주행자동차를 시험 운행하고 있다. 4단계의 자율주행자동차는 운전자 없이 스스로 운전할 수 있다.

운행되고 있지만 2018년에는 싱가포르 전체로 확대될 예정입니다. 또한 2017년에 프랑스 도심지의 유명 관광지에서는 자율주행차량이 운전사 없이 운행했답니다. 이 차량은 전기로 달리는 10인용 버스인데 센서와 카메라가 있어서 속도와 방향, 출발, 정지 등을 스스로 결정합니다. 파리시가 무료로 운행한 이 버스는 기차역인 리옹역과 오스테를리치역 사이 130미터 구간을 3개월 동안 오갔습니다.

인공지능이 스스로 생각하고 판단하는 기능을 갖게 되면서 자율주행 기술은 나날이 발전하고 있습니다. 20년쯤 뒤인 2035년에는 도로를 운행하는 차량의 75퍼센트가 자율주행차량일 것이라는 예측도 전문가들 사이에서 나왔습니다.

인공지능 로봇

얼마 전까지만 해도 컴퓨터는 개와 고양이를 구별하지 못했습니다. 인간의 동작 몇 가지를 흉내 내거나 스스로 돌아다니며 물건을 옮기는 정도였죠. 그런데 SNS나 동영상 등 빅데이터를 딥러닝 기술로 학습하고 나자 컴퓨터는 인간처럼 생각하고 판단하며 행동하게 되었답니다.

그 결과 2017년에 이탈리아 밀라노에서 열린 세계적인 테니스 대회에서는 인공지능 심판인 호크아이가 등장했습니다. 호크아이는 경기장 곳곳에 설치된 10여 대의 초고속 카메라로 공의 움직임을 포착해 인과 아웃을 판정했습니다. 호크아이 덕분에 판정은 더 정확해지고 빨라졌습니다.

심지어 미국 터프츠대학교에서 개발한 인공지능 로봇 뎀스터는 인간의 지시를 무조건 따르기보다는 자신의 판단을 중요하게 여깁니다. 예를 들어 사람이 뎀스터에게 탁자 가장자리까지 걸어가서 떨어지라고 지시하자 뎀스터는 발 디딜 곳이 없다며 거부했습니다. 그런데도 사람이 다시 같은 지시를 내렸더니 뎀스터로부터 위험하다는 대답이 튀어나왔습니다.

인간처럼 생각하기 시작한 인공지능 로봇은 여러 분야로 진출하고 있습니다. 포항공과대학교에서는 제철소 굴뚝을 청소하고 뜨거운 쇳물 찌꺼기를 걷어내는 로봇을 개발했습니다. 전남대학교는 0.3밀리미터 크기의 마이크로로봇으로 **줄기세포**를 몸속의 손상된 부위에 부착시켰지요. 스페인의 애그 로봇은 딸기 밭을 오가며 여러 개의 팔로 딸기를 따서 컨베이어벨트에 올려놓습니다. 앞으로 인공지능은 이처럼 산업과 의료와 농업 분야에 활용될 뿐만 아니라 범죄와 재해 등 인류를 위협하는 수많은 문제를 해결할 것으로 기대를 받고 있습니다.

스마트스피커

캘리포니아에 사는 캐리는 아침에 눈을 뜨자 탁자를 향해 날씨를 묻습니다. 그러자 스마트스피커인 아마존 에코에 불빛이 들어오더니 소리가 흘러나옵니다.

"오늘 날씨가 쌀쌀합니다. 구름이 종종 끼지만 비는 오지 않습니다."

잠시 후 캐리는 옷장을 열고 고개를 갸웃거립니다. 어떤 옷을 입을지 결정하기가 어려웠거든요. 캐리는 두 가지 옷을 두고 고민하다가 알렉사에게 부탁합니다.

"알렉사, 내가 옷 입은 모습을 사진으로 찍어서 비교해 줘."

인공지능 비서인 알렉사는 캐리의 모습을 사진으로 찍어서 스마트폰으로

▌ 아마존 에코에 카메라 기능을 추가한 에코 룩. 기계 학습 인공지능과 전문 스타일리스트가 코디에 대한 조언을 해 준다. 사진은 물론 동영상까지 찍는다. 기존의 아마존 에코가 듣고 말하는 존재라면 에코 룩은 듣고 말하고 '보는' 존재라고 할 수 있다.

전송합니다. 그리고 두 가지 차림새 중 어느 쪽이 더 나은지 백분율로 알려줍니다. 캐리는 67퍼센트라고 표시된 옷을 입기로 결정합니다.

곧이어 현관으로 나가던 캐리는 다급한 목소리로 알렉사에게 자동차 키가 어디 있는지 묻습니다. 알렉사가 소파 위에 있다고 답하자마자 자동차 키에서 벨소리가 울립니다. 개당 15달러의 초소형 무선 통신기를 스마트폰이나 애완동물에 붙여 놓으면 알렉사가 그 위치를 찾아냅니다.

공상이 아니라, 이미 미국의 가정에서 일어나고 있는 현실입니다. 2014년에 등장한 아마존 에코는 3년 만에 1,000만 대 이상이 팔렸거든요. 아마존

사례탐구 홀로그램 인공지능 비서

인공지능 비서의 시대가 열렸다. 공상과학 영화에서나 보았던 기기들이 하나둘 등장하고 있다. 최근 일본에서는 게이트박스라는 새로운 인공지능 비서를 선보였다. 기존의 인공지능 비서는 스피커에서 음성만 지원한 반면, 게이트박스에는 만화의 여주인공처럼 생긴 히카리가 홀로그램 기법으로 등장한다. 게이트박스에는 카메라 및 각종 센서가 탑재되어서 사용자가 히카리를 향해 손을 흔들면 금세 알아차린다. 사물인터넷과 연결되어 있으므로 사용자를 위해 집의 온도를 조절하거나 욕실에 따뜻한 물을 받아 놓을 수도 있다. 아침마다 간단한 뉴스를 전해 주는가 하면 오후에는 비가 내릴 가능성이 높으니 우산을 챙기라는 말도 덧붙인다. 퇴근시간 즈음에는 스마트폰을 통해 사용자에게 빨리 돌아오기를 바란다는 다정한 메시지를 보내고, 사용자가 집에 돌아오면 뛰어오는 모습으로 반갑게 맞이한다.

에코는 어떻게 이런 기능을 갖게 되었을까요? 4차 산업혁명의 핵심 기술인 인공지능과 사물인터넷과 빅데이터 때문입니다. 즉 첨단 기술의 융합으로 상상 속의 기계들이 우리의 눈앞에 등장하고 있습니다. 이처럼 인류는 과거와는 완전히 다른 세상으로 접어들고 있습니다..

스마트홈

스마트홈은 가전제품이나 냉난방기기, 보안기기 등 집 안의 모든 장치를 인터넷으로 연결하는 기술입니다. 에어컨과 냉장고, 보일러, 도어락 등 여러 가지 기기가 자동으로 작동되거나 원격으로 조종되지요. 사물인터넷의 발전으로 우리의 집이 조금씩 달라지고 있습니다. 그렇다면 스마트홈은 얼마나 똑똑할까요?

우선 스마트홈 서비스를 이용하면 집에 있는 사람과 재산을 쉽게 지킬 수 있습니다. 출입문과 실내에 설치된 센서를 통해 외부의 침입자를 감지할 수 있거든요. 창문으로 누군가가 들어온다거나 현관문을 억지로 여는 등 위급 상황에서는 경비업체에 긴급 연락을 합니다. 그뿐만 아니라 날씨와 미세먼지 상태를 수시로 확인해 실내 공기를 쾌적하게 유지합니다.

쇼핑도 훨씬 쉬워집니다. 집 밖으로 나가지 않아도 손쉽게 물건을 구매할 수 있습니다. 텔레비전 홈쇼핑이나 온라인 쇼핑을 말하는 것이냐고요? 아니에요. 스마트홈에서는 완전히 다른 개념의 쇼핑이 이루어집니다. 아마존은 자신들이 쇼핑몰에서 판매하는 제품을 고객들이 더 쉽게 구입하도록 대시를 개발했어요. 대시는 길이 16센티의 막대형 기기로 두 개의 버튼이 달려 있는데요, 음성인식 버튼을 눌러 우유라고 말하거나 **바코드리더** 버튼을 누르고

▌아마존 대시는 아마존의 온라인 배달 서비스인 아마존 쇼핑몰과 연동되어서 원하는 상품의
　이름을 말하거나 바코드를 스캔하면 바로 상품을 주문할 수 있다.

제품의 바코드에 대면 아마존 계정의 장바구니에 해당 제품이 담깁니다.

결국 집 안의 기기들이 인터넷에 연결되는 스마트홈을 통해 사람들은 좀 더 편리하고 안전한 삶을 누리게 됩니다. 쇼핑이나 문화생활도 집 안에서 이루어지므로 집은 단순한 휴식과 여가의 장소가 아닌 복합적 문화 공간으로 거듭납니다.

스마트시티

스마트시티는 언제 어디서나 인터넷 접속이 가능하고 첨단 정보통신기술을 자유롭게 사용할 수 있는 미래형 첨단 도시를 가리킵니다. 각종 센서를 이용해 도시의 교통량을 파악해 교통체증을 방지하며, 각종 에너지 사용을 스마트하게 관리해 비용은 물론 환경오염도 줄이지요. 범죄와 같은 각종 사회문제도 예방할 수 있답니다.

사례탐구 전 세계의 스마트시티

스페인의 바르셀로나는 사물인터넷을 통해 물 관리 시스템을 개선하고 스마트 가로등을 설치하는 동시에 공용주차장에 센서를 부착해 운전자들에게 주차 가능한 공간을 알려 주어서 매년 1억 7,000만 달러(한화 약 1,860억 원)를 절약하고 있다.

한국의 송도 역시 스마트시티다. 시민들은 집에서 12분 거리 내에서 교육 및 편의시설을 이용할 수 있다. 실시간 교통정보를 제공해 어떻게 출퇴근하는 것이 나을지 알려 준다.

예를 들어 전 세계 가로등의 3분의 1이 1960년대 기술을 사용합니다. 이 낡은 시스템 대신 사람들의 동작을 감지해 불이 켜지고 꺼지는 동작 감지 가로등으로 교체하면 어떨까요? 몇몇 도시가 인터넷으로 연결된 동작 감지 가로등으로 교체했더니 전기 비용이나 수리 비용 등 운영비를 80퍼센트까지 줄일 수 있었습니다. 거리도 환해져서 범죄도 줄었답니다. 스마트시티는 시민의 일상생활 수준을 향상시키고 도시의 자원 소비량을 줄이는 등 도시에 경제적 가치를 제공합니다.

웨어러블 디바이스

웨어러블 디바이스(wearable device)는 '입을 수 있는 기기', 즉 몸에 부착하거나 착용해 사용하는 전자장치예요. 안경과 시계, 신발에 이르기까지 다양합니다.

대표적인 웨어러블 디바이스는 스마트워치와 스마트안경입니다. 어떤 스마트워치는 전화와 문자메시지 기능 외에 칼로리나 심장 박동 수, 혈당을 측정하는 기능까지 추가되었답니다. 스마트안경 중에서 가장 주목을 끄는 것은 구글이 개발한 구글글래스로 스마트폰처럼 안경을 통해 인터넷 검색이나 사진 촬영, 길 안내 등을 해 줍니다. 사람이 음성으로 명령을 내리면 한쪽 렌즈에 약 25인치 크기의 가상화면이 나타납니다. 구글글래스를 낀 의사들은 차트를 보거나 컴퓨터를 확인하지 않아도 환자의 상태를 파악할 수 있지요.

사람들은 손에 들고 다니는 스마트폰이 귀찮아서 스마트워치를 생각해 냈습니다. 그렇다면 스마트워치의 다음 단계는 무엇일까요? 바로 스티커 형

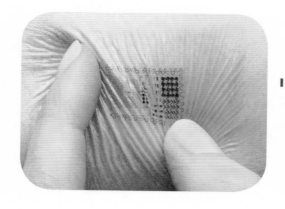

┃ 미국의 재료과학자 존 로저스가 개
발한 바이오스탬프. 신축성을 갖춘
반투명 회로를 일회용 밴드처럼 간
편하게 몸에 붙이면 두뇌와 심장 박
동, 근육 활동, 체온 등을 체크할 수
있다.

태로 나온 전자 문신입니다. 미국의 존 로저스 교수가 개발한 바이오스탬프
는 스티커를 피부에 붙여 맥박과 체온, 자외선 흡수량 등을 수집합니다. 운
동선수들은 신체 능력을 측정하기 위해 줄이 달린 센서를 주렁주렁 매달고
달릴 필요가 없습니다. 바이오스탬프를 붙이고 본인 종목에 해당하는 운동
을 하면 과학적인 조사가 이루어지니까요.

3D프린팅

3D프린팅은 3차원 프린터가 컴퓨터의 3차원 설계 자료에 따라 물체를 뽑
아내는 기술입니다. 종이에 글자를 인쇄하는 프린팅과 비슷하지만 입체 모
형을 만들어 내므로 3차원이라는 의미의 3D가 붙었습니다. 3D프린팅은 플
라스틱과 금속 같은 다양한 소재를 층층이 겹쳐 쌓아서 물체를 만들기 때문
에 **적층 가공**에 해당합니다. 이처럼 3D프린팅 기술은 도면과 재료만으로 다
양한 물건을 만들어 내기 때문에 '21세기의 연금술'이라 불립니다.

그렇다면 3D프린팅 기술은 어디까지 왔을까요? 항공기 업체인 보잉 사는

2012년부터 2만 개 이상의 비행기 부품을 3D프린터로 제작했습니다. 2017년 보잉 사의 관계자는 3D프린팅으로 동체의 무게가 가벼워졌으며 제작비는 비행기당 약 300만 달러(한화 약 33억 원)를 줄일 수 있다고 밝혔습니다. 또한 2016년 12월에는 러시아 모스크바 부근에서 3D프린터로 지은 집이 등장했습니다. 3D프린팅 전문기업이 현장에서 직접 건축 부품을 프린팅 해 집을 세웠다고 합니다. 앞으로 3D프린팅의 영역은 더 확대될 전망입니다. 옷이나 신발은 물론이고 음식까지도 3D프린팅이 가능하니까요. 앞으로 3D프린터만 있으면 누구나 자신만의 제품을 만들어 낼 수 있습니다. 생산자와 소비자의 경계가 모호해지는 세상이 되어 가고 있는 꼴이지요.

사례탐구 인공심장

심장 이식은 심각한 말기 심부전 환자에게 유일한 희망이지만 이식할 심장을 구하기란 무척 어렵다. 이럴 때 인공심장은 잠시나마 환자의 생명을 유지시켜 준다. 스위스 취리히연방공과대학의 연구자들은 3D프린터를 이용해 환자 맞춤형 인공심장을 만들었다.

생체에 적합한 소재로 만든 인공심장은 390그램으로 가벼우며 실제 심장처럼 좌우 심실로 혈액을 순환시킨다. 이 인공심장은 워낙 부드러운 소재를 사용해 만들었기 때문에 3,000회 정도의 박동만 견딘다는 단점이 있다. 즉 45분 정도만 사용할 수 있다. 그러나 연구팀은 인공심장이 좀 더 오래 버틸 수 있는 방법을 연구 중이다. 3D 인공심장의 가능성은 아직 남아 있는 셈이다.

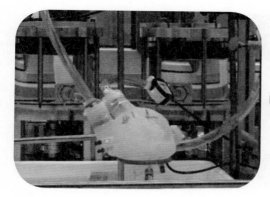

스위스 취리히연방공과대학에서 3D 프린팅 기술로 제작한 소프트 인공 심장

유전자 가위

라일라는 태어난 지 3개월 만에 백혈병이라는 진단을 받았습니다. 병원에서는 온갖 치료를 다 했지만 라일라의 상태는 계속 나빠졌습니다. 마침내 의사들은 라일라의 부모에게 더는 쓸 수 있는 방법이 없다고 통보했습니다. 슬픔에 잠겨 있던 라일라의 부모는 잘못된 유전자를 제거해 주는 **인공절단효소**에 대해 듣게 되었습니다.

인공절단효소는 마치 가위처럼 원하는 곳의 유전자만 정교하게 잘라 내기 때문에 유전자 가위로 불렸습니다. 당시 유전자 가위는 동물을 상대로만 실험을 마친 상태였습니다. 그러나 라일라의 부모는 지푸라기라도 잡는 심정으로 유전자 가위 기술을 사용해 보기로 결정했습니다.

얼마 뒤 라일라는 의사들도 깜짝 놀랄 만큼 빠르게 회복했어요. 담당 의사가 기적이라고 표현할 정도였지요. 과학 분야의 대표적인 잡지인 《사이언스》는 '2015년 올해의 혁신기술' 1위로 유전자 가위를 선정했습니다. 유전자

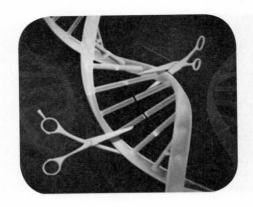

▌ 인공절단효소를 이용해 DNA 염기서열을
잘라 내는 유전자 가위 기술

가위는 생명과학과 유전공학의 융합입니다. 이처럼 전혀 다른 분야끼리 융합해 세상을 크게 바꾸어 놓고 있습니다.

사례탐구 유전자 연필

인간에게는 약 2만 5,000개의 유전자가 있다. 이 가운데 단 하나만 문제가 생겨도 심각한 질환이 발생한다. 이렇게 잘못된 유전자로 인해 발생하는 질환을 유전병이라고 한다. 유전자 가위는 인공절단효소로 잘못된 DNA를 제거해 유전병이나 암 등을 예방하고 치료하는 기술이다. 그런데 유전자 가위보다 더 정교하고 예리한 효소를 이용한 유전자 연필이 새로 등장했다. 최근 미국 하워드 휴즈 의학연구소 연구팀은 DNA 교체 작업을 수행할 수 있는 효소를 만들어 냈다고 발표했다. 이 효소를 이용하면 DNA를 잘라 내지 않고도 병을 치료할 수 있다고 한다. 이번 연구를 주도한 데이비드 리우 교수는 "우리가 새로 개발한 치료법은 DNA를 제거하지 않고 고친다는 점에서 연필에 비유할 수 있다."고 밝혔다.

가상현실 헤드셋

가상현실 헤드셋은 우리가 직접 경험하기 어려운 상황이나 장소를 컴퓨터 프로그램 내부에서 체험하게 해 주는 기기입니다. 화재나 지진이 발생했을 때 어떻게 대처해야 할지 가상현실 헤드셋을 쓰면 생생하게 배울 수 있습니다. 마치 현장에서 체험하는 듯한 느낌을 받게 되지요. 임진왜란을 역사책에서 배우는 것이 아니라 가상현실 헤드셋을 쓰고 이순신의 아바타와 함께 한

집중탐구 **2025년**

2015년 세계경제포럼에서 4차 산업혁명으로 인해 2025년에는 어떤 일이 벌어질지 800명이 넘는 정보통신기술 분야의 경영진과 전문가들을 상대로 설문조사를 벌였다. 그 결과 해당 항목에 동의를 한 응답자의 비율은 다음과 같았다.

인구의 10퍼센트가 인터넷에 연결된 의류를 입는다.	91.2%
1조 개의 센서가 인터넷에 연결된다.	89.2%
10퍼센트의 인구가 인터넷이 연결된 안경을 쓴다.	85.5%
3D프린터로 제작한 자동차가 최초로 생산된다.	84.0%
최초의 인체 삽입형 모바일폰이 생산된다.	81.7%
소비자 제품 가운데 5퍼센트는 3D프린터로 제작된다.	81.1%
인구의 90퍼센트가 스마트폰을 사용한다.	80.7%
인구의 90퍼센트가 언제 어디서나 인터넷 접속이 가능하다.	78.8%
미국 도로를 달리는 차들 가운데 10퍼센트가 자율주행자동차다.	78.2%
3D프린터로 제작된 간(肝)이 최초로 이식된다.	76.4%

산도를 둘러보며 이야기를 들을 수 있습니다. 상대성이론도 물리학 교과서에서 배우는 것이 아니라 가상 우주선에서 아인슈타인에게 직접 배울 수 있습니다.

헤드셋만 쓰면 가상의 텔레비전을 어디서나 볼 수 있습니다. 벽이나 손바닥 안에 놓인 스마트폰을 통해 눈앞에 화면이 펼쳐지니까요. 벽에 텔레비전을 걸 필요가 없어지는 셈이지요. **홀로그램 기술**이 보편화되면서 공중에 화면을 띄우는 것도 가능해졌습니다.

가상현실 헤드셋은 현실보다 생생한 경험을 안겨 주면서 짜릿함과 즐거움을 선사합니다. 마음만 먹으면 100년 전이든 광활한 우주든 시간이나 장소에 상관없이 새로운 세상에서 신기한 경험을 만끽할 수 있답니다.

간추려 보기

- 인공지능이 딥러닝 기술에 따라 학습을 하면서 자율주행자동차와 인공지능 로봇이 등장했다.
- 빅데이터의 풍부한 자료 덕분에 사물인터넷이 활성화되면서 스마트홈과 스마트시티를 비롯해 웨어러블 디바이스의 시대가 펼쳐지고 있다.
- 3D프린팅으로 재료와 디자인만 있으면 자동차나 주택까지 제작할 수 있다. 유전공학의 발달로 불치병 치료가 가능해졌으며 가상현실 헤드셋은 우리를 새로운 세계로 인도한다.

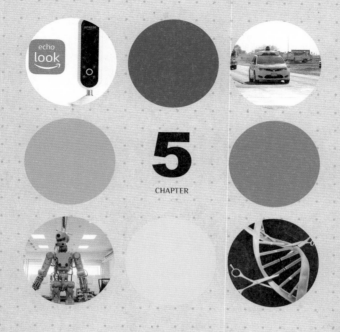

4차 산업혁명의 디스토피아

이제 인류는 인공지능 비서와 로봇에게 힘들거나 복잡한 일을 맡겨 놓고 여유롭고 행복한 삶을 누릴 수 있습니다. 말하자면 유토피아의 세상이 펼쳐지는 셈이죠. 그런데 로봇이 일을 대신한다면 인간은 어떤 일을 해야 할까요? 혹시 인공지능에게 밀려서 일자리를 구하지 못하면 어떡하죠? 유토피아가 아니라 디스토피아를 만나게 될지도 모릅니다.

여러 학자들이 4차 산업혁명으로 인해 나타날 디스토피아를 걱정하고 있습니다. 디스토피아는 사회의 부정적인 모습들이 나타나는 미래의 사회를 가리키지요. 학자들은 특히 대규모 실업과 빈부의 격차와 불평등이 곳곳에서 일어날 것이라 예측합니다. 왜 그럴까요?

오늘날의 세계는 1:99입니다. 전 세계 인구를 100명이라고 가정하면 1명이 거의 모든 것을 가지고 있다는 뜻이지요. 자본가가 노동자를 고용해 돈을 벌어들이는 정도가 계속 커지고 있어서 벌어지는 현상입니다. 4차 산업혁명 시대에는 어떻게 될까요? 소수의 자본가들이 로봇을 독점하고 부를 쌓는 동안 노동자들은 일자리가 없어서 실업자가 될 가능성이 큽니다.

그 결과 미래에는 0.1:99.9의 세계가 펼쳐질지도 모릅니다. 전 세계 인구를 1,000명이라고 가정했을 때 1명이 거의 대부분을 차지하고 999명은 나머지를 아주 조금씩 나누어 가지는 것이지요. 짐작건대 0.1퍼센트의 부자들은 나노기술과 재생의학을 마음껏 누릴 것입니다. 그리고 신체와 지능이 우월해진 신인류의 위치로 올라서겠지요.

4차 산업혁명에 대한 암울한 전망은 그것만이 아닙니다. 인류의 멸망을 우려하는 목소리도 높습니다. 지금까지 인류는 뛰어난 지능 덕분에 지구 상에서 번성할 수 있었지요. 반면에 인류보다 지능이 떨어진 동물들은 아무리 몸집이 크고 힘이 세더라도 자취를 감추고 있습니다. 그런데 인류보다 높은 지능을 가진 존재가 나타나면 어떻게 될까요? 몇백 년 뒤에 인공지능은 인류가 전쟁을 벌이고 자연환경을 망가뜨리니 지구 상에서 몰아내야겠다고 판단할지도 모릅니다.

킬러로봇

할리우드에서 만든 영화 〈아이 로봇〉이나 〈채피〉, 〈터미네이터〉에서는 로봇이 인간을 공격합니다. 이런 일이 미래에 일어나지는 않을까요? 사실 세계 곳곳에서 킬러로봇이 만들어지고 있습니다. 킬러로봇은 인간의 판단이나 결정 없이 스스로 전투를 수행합니다. 그리고 장비한 총이나 폭탄으로 적군을 위험에 빠트리지요.

현재 미국과 영국, 러시아, 중국 등 세계 각국은 인공지능을 활용한 무인 전투기와 킬러로봇 연구에 열을 올리고 있습니다. 예를 들면 영국에서는 무

전문가 의견

로봇 연구자들에게 로봇을 마지막으로 어디에 쓸지 묻는다면 그 답은 전쟁터이다. 킬러로봇의 시대가 열리고 있다. 사람 대신 킬러로봇끼리 전투를 벌일 날도 머지않았다.

– 토비 월시 호주 뉴사우스웨일스대학의 인공지능 전문가

인전투기 타라니스를 선보였습니다. 타라니스는 스스로 상황을 판단해 공격합니다. 러시아에서는 사람 모양의 휴머노이드 전투로봇인 표도르를 개발했습니다. 원래 재난구조 작업에 투입하려고 만들었다는데 양손으로 권총을 쏘는 영상이 공개돼 킬러로봇이 아닐까 의심을 받고 있습니다.

킬러로봇은 일반 군사용 로봇과 달리 스스로 판단하고 결정하기 때문에 우려의 목소리가 높습니다. 그런데 이렇게 위험한 킬러로봇이 독재자나 테러리스트 집단의 손에 들어가면 어떻게 될까요? 킬러로봇은 잔혹한 인간이 저지를지도 모를 범죄에 악용될 수 있기 때문에 더욱더 위협적인 존재로 여겨지기도 합니다. 그래서 2016년 8월에는 전 세계 26개국의 정보기술 전문가 116명이 유엔에 공동서한을 보내 킬러로봇 제작을 금해야 한다고 촉구했습니다. 정보기술 전문가들은 킬러로봇이 전쟁에 이용되면 제3차 세계대전이 터질 가능성이 높아진다고 경고합니다.

노동자의 일자리

4차 산업혁명의 첨단기술들이 노동자의 일자리를 위협하고 있습니다. 자율주행자동차를 예로 들어 볼까요? 자율주행자동차는 인간이 운전하는 자동차보다 장점이 많습니다. 우선 술에 취하거나 꾸벅꾸벅 졸다가 사고를 일으킬 일이 없지요. 급여나 대우가 만족스럽지 않다고 파업을 일으키지도 않습니다. 게다가 자율주행자동차는 시내 도로뿐만 아니라 고속도로도 얼마든지 다닐 수 있어요. 고속도로는 정비가 잘 되어 있고 보행자나 자전거가 없기 때문에 자율주행 트럭이 어렵지 않게 다닐 수 있습니다.

결국 택시 기사나 트럭 운전사 등 운수업 종사자들은 자율주행자동차에 밀려날 수밖에 없습니다. 현재 우리나라에서 170만 명이 택시나 버스, 트럭 등을 운전하며 생계를 꾸려갑니다. 그런데 10년 뒤에는 80만 명 이상이 운전대를 놓고 다른 일자리를 찾아야 할 것이라는 전망이 나왔습니다.

공장 노동자가 느끼는 실업의 위기는 좀 더 심각합니다. 인간 노동자가 중심이던 전통적인 공장은 사라지고 산업용 로봇이 거의 모든 일을 담당하는 스마트팩토리가 늘어나고 있기 때문이에요. 로봇이 공장에서만 뛰어난 활약을 보이는 것이 아닙니다. 미국 기업인 블루리버 테크놀로지는 잡초를 뽑는 로봇을 개발했습니다. 그뿐만이 아닙니다. 적당하게 익은 과일만 수확해 포장하는 일까지 척척 해내는 로봇도 있습니다. 물론 기계가 아무리 똑똑해봤자 인간의 일자리를 쉽게 빼앗을 수 있겠느냐고 의구심을 보이는 사람들도 있습니다.

그 답은 오늘날의 건설현장에서 찾을 수 있습니다. 공사장 인부가 삽질

알아두기

우리나라에도 킬러로봇이 있다. 삼성테크윈이 개발한 센트리 가드 로봇은 이미 비무장지대에 배치되어 있다. 자동발사 기관총이 장착된 이 킬러로봇은 사람들의 말을 알아들을 뿐만 아니라 적을 추적하고 총을 쏠 수 있는 능력까지 갖추고 있다. 또한 내부에 장착된 네 대의 카메라로 움직이는 물체를 탐지한다. 낮에는 2킬로미터, 밤에는 1킬로미터 이내에서 움직이는 물체가 사람인지 차량인지 동물인지 가려낼 수 있다. 다만 공격 판단은 로봇이 스스로 하지 않고 기지의 군인들이 내리고 있다.

을 하며 땅을 파는 경우는 거의 없습니다. 포클레인을 도저히 따라잡지 못하니까요. 그런데 인간의 지능을 넘어선 인공지능이 세계 최고의 바둑기사를 상대로 승리했습니다. 그렇다면 포클레인이 삽질을 대신하듯 인공지능이 복잡한 업무를 대부분 처리할 날도 곧 닥치겠지요.

지식노동자의 일자리

　인공지능은 운수업 종사자나 공장 노동자의 일자리만 빼앗을까요? 그렇지 않습니다. 변호사나 의사 등 전문직이야말로 인공지능이 활약할 분야입니다. 2016년에 미국의 대형 법률사무소에서 인공지능 로스가 법률 업무를 시작했습니다. 캐나다에서 개발한 로스는 사람의 언어를 이해하고 1초에 10억 장의 법률 문서를 분석합니다. 게다가 딥러닝 기술까지 갖추고 있어서 더 많이

생각해 보기

전쟁터에서는 실수로 아군이나 민간인을 공격하는 일이 가끔 발생한다. 로봇은 이런 문제를 거의 겪지 않는다. 아무리 전투가 혼란스러워도 실수를 저지를 확률이 적기 때문이다. 또한 전쟁에 로봇을 투입하면 아군의 인명 피해를 크게 줄일 수 있다.

반면에 사람을 죽이는 역할을 인공지능에게 넘기는 것은 너무 위험한 일이라는 지적도 많다. 여러 전문가들은 기계가 사람의 목숨을 좌우하다 보면 최악의 결과가 일어날 수도 있다고 경고한다. 과연 킬러로봇은 우리에게 필요한 존재일까?

사용할수록 더 똑똑해진답니다. 로스는 빠르고 정확하게 법률 업무를 처리하면서 변호사의 자리를 위협하고 있습니다.

인공지능은 의료계에도 진출했습니다. 현재 여러 나라에서 사용되는 닥터 왓슨은 300여 종의 의학 잡지와 1,200만 쪽에 이르는 전문자료를 학습한 인공지능 의사입니다. 우리나라의 가천대학교 길병원도 닥터 왓슨을 도입했지요. 9개월 동안 닥터왓슨은 길병원에서 암 환자 400명 이상을 진단했습니다. 유방암과 폐암, 위암 등 여덟 가지 암을 진단하고 있는데 앞으로 혈액암과 간암 진단에도 활용할 계획입니다. 닥터 왓슨의 능력은 매일 향상되고 있습니다. 진료할 때마다 환자의 데이터가 쌓여서 더욱더 정확한 진단을 내릴 수 있답니다.

법조계와 의료계를 비롯해 은행과 여행사와 언론사에서도 인공지능의 역할이 두드러지고 있습니다. 닥터 왓슨이나 알파고 같은 인공지능이 전문직

알아두기

광산 기업인 리오틴토는 호주의 철광 작업장에서 자율주행 트럭 150대를 운행하기 시작했다. 2년 동안 자율주행 트럭은 한시도 쉬지 않고 화물 4,200만 톤을 실어 날랐다. 트럭들은 미리 정해둔 경로로 이동하며 화물을 내려놓을 곳까지 스스로 찾아간다. 이 작업에 필요한 노동자는 관리자와 트럭 정비사 등 몇 사람뿐이었다. 한편 캐나다의 석유업체인 선코에너지도 몇 년 내에 오일샌드 채굴 현장에 자율주행 트럭을 투입할 예정이다. 선코에너지의 자율주행자동차는 800명의 운전자를 대체하게 된다.

▌ 미래에 인공지능 로봇이 팀으로 일하는 모습을 가상으로 이미지화한 것. 인공지능이 일자리를 빼앗을 것이라는 우려가 커지고 있다.

의 자리까지 넘보고 있는 현실입니다. 몇몇 전문가들은 인간 역시 '성능'을 향상시켜야만 4차 산업혁명에서 밀려나지 않는다고 경고하고 있습니다.

통제받는 사회

사회 곳곳에 CCTV가 설치되고 SNS의 사용이 늘면서 개인의 사생활이 노출되고 있습니다. 문제는 이러한 사생활을 정부나 기관에서 감시하고 통제할 우려가 크다는 것입니다. 최근 중국 공안부는 13억 국민을 대상으로 안면인식시스템을 개발 중입니다. 안면인식시스템을 시행하면 3초 안에 어떤 사람인지 파악할 수 있다고 합니다. 이미 중국의 일부 공항이나 공공 화장실에서 안면인식시스템을 시험사용 중입니다. 중국 정부는 용의자 추적이나 행정상 편의를 위해서만 사용하겠다고 밝혔지만 혹시라도 중국 정부에서 이

시스템을 악용하지 않을까 우려하는 목소리가 높습니다. 특히 중국에서 끊임없이 논란이 되는 소수민족 문제에 이러한 통제시스템을 활용해 죄 없는 국민들에게 죄를 뒤집어씌울 가능성이 있기 때문이지요. 아울러 권력자들의 입맛에 맞는 사회를 만들기 위해 반정부 인사나 반체제 인사를 추적하고 감시할지도 모릅니다.

그뿐만이 아닙니다. 중국에서는 2천만 대의 인공지능 감시카메라가 국민

사례탐구 인공지능 기자

"잉글랜드 프리미어리그 아스널이 올리비에 지루의 결승골을 앞세워 레스터 시티를 꺾었다. 아스널은 12일(한국시간) 영국 런던 에미레이트 스타디움에서 열린 잉글랜드 프로축구 프리미어리그 2017-2018시즌 개막전 레스터 시티와 홈경기에서 4:3으로 승리했다. 아스널은 전반 2분 알렉산드레 라카제트의 선제골로 앞서 나갔다. 3분 뒤 레스터 시티는 동점골을 뽑아냈다. 해리 맥과이어의 어시스트를 신지 오카자키가 슈팅으로 아스널의 골망을 흔들었다. 이어 전반 29분 레스터 시티는 골을 추가하며 경기를 뒤집는 데 성공했다. 제이미 바디는 마크 올브라이튼의 어시스트를 슈팅으로 연결해 골망을 흔들었다.(하략)"

2017/08/12 05:41 《연합뉴스》 사커봇

《연합뉴스》의 기자인 인공지능 사커봇의 기사는 마치 인간 기자가 쓴 것처럼 자연스럽다. 사커봇의 기사가 완성도가 높은 이유는 수많은 기사들로 이루어진 빅데이터를 참고해 사람의 글쓰기를 모방하기 때문이다.

▌중국 도심의 빌딩 앞에 설치되어 있는 CCTV 보안 카메라

의 일거수일투족을 찍고 있습니다. 중국 정부는 하늘의 그물이라는 뜻의 텐왕 영상감시시스템이 국민의 안전을 지킨다고 홍보했지만 유튜브에 올라온 텐왕의 영상은 충격적입니다. 도시의 거리를 다니는 평범한 행인에게 남자, 성인, 붉은 상의, 청바지 등 구체적인 분석이 따라 붙습니다. 또한 트럭 밑에는 파란색, 화물트럭 등의 문자가 적힙니다. 이처럼 화면의 모든 자동차와 사람을 꼼꼼히 분석하고 있으니 정부에 쫓기는 몸이라면 숨을 곳이 없어 보입니다.

이런 사례가 단지 중국에만 해당될까요? 생활공간을 빠짐없이 비추는 CCTV와 자동차 블랙박스, 사물인터넷 센서로 인해 사람들은 감시사회의 그물망에 갇혀 있습니다. SNS에 올린 사진 몇 장과 구글에 제공한 개인정보와 인공지능 스피커에게 지시한 내용들이 우리에게 어떤 결과를 가져올지 아무도 모르는 시대가 되었습니다.

불평등한 사회

평등한 사회에서는 아동복지가 좋아지고 스트레스와 약물 사용이 줄어듭니다. 반면에 불평등한 사회에서는 범죄와 폭력 등 사회적 불안이 높아집니다. 그런데 4차 산업혁명이 진행될수록 빈부의 격차가 크게 벌어지며 사회 곳곳의 불평등은 더욱 심해질 가능성이 높습니다. 4차 산업혁명의 혜택을 많이 누릴 사람들은 자본가들과 첨단 산업의 전문가들이기 때문이지요.

기업들은 산업용 로봇이나 3D프린터를 구입해 어마어마한 수익을 얻을 가능성이 큽니다. 나노센서나 자율주행자동차 등 첨단 기술의 전문가는 자신의 지적 자산으로 쉽게 부자가 될 수 있습니다. 값비싼 첨단 기기를 구입한 자본가들과 첨단 기술을 습득한 고급인력들은 4차 산업혁명을 기회로

알아두기

새로 생긴 기업들이 시장을 장악해 엄청난 수익을 거두는 데 걸리는 시간이 짧아지고 있다. 페이스북은 창립 6년 만에 연 수익 10억 달러(약 1조 900억 원)를 기록했고, 구글은 같은 목표를 달성하는 데 고작 5년이 걸렸다. 이들은 모두 4차 산업혁명을 선도하는 기업이다. 전자정보통신을 기반으로 한 신기술이 기업의 성장과 규모를 좌우하는 셈이다.

전문가 의견

어떤 사람들은 변호사나 의사 같은 고학력 전문직 일자리도 인공지능이 대신할 것이라며 걱정한다. 그러나 진짜 문제는 교육을 제대로 받지 못한 계층이다. 그들은 점차 기회를 잃어가고 있다.

— 데이비드 오터 미국 메사추세츠공대 경제학과 교수

삼아 엄청난 부를 거머쥘 것입니다.

일반 노동자들은 어떻게 될까요? 산업용 로봇이나 의료용 로봇 등 인공지능이 일자리를 대신하는 순간 대부분의 사람들은 낮은 임금의 직업으로 갈아타거나 실업자로 전락할 수밖에 없습니다. 몇몇 학자들은 4차 산업혁명으로 새 일자리가 생겨날 테니 우려할 필요가 없다고 주장합니다. 그렇지만 새로운 일자리는 대단히 전문적인 지식을 필요로 하기 때문에 고등교육을 받은 엘리트 집단이 차지할 확률이 크답니다.

예를 들어 우리나라 백화점에 고객의 쇼핑을 도와주는 로봇이 등장했습니다. 쇼핑도우미 로봇은 통역 기술까지 갖추고 있어서 외국인에게도 매장 및 편의시설을 안내합니다. 이처럼 백화점에 쇼핑도우미 로봇을 설치하면 기존의 외국어 안내직원들은 하루아침에 일할 곳이 사라지겠지요. 물론 인공지능 로봇을 관리하는 일자리가 생기겠지만 안내직원이 맡기에는 쉽지 않은 일입니다. 따라서 안내직원들은 낮은 임금을 받으며 좀 더 단순한 일을 맡게 될지도 모릅니다.

1990년에 미국 전문경영인의 평균 급여는 일반 근로자 평균 급여의 70배였어요. 그런데 15년 뒤인 2005년에는 300배로 늘어났답니다. 우리나라는 2017년에 조사한 결과 전문경영인의 급여가 일반근로자의 613배에 이르는 기업도 있었지요. 지금부터 10년 뒤 전문경영인과 일반근로자의 급여 차이는 훨씬 커질 것입니다. 4차 산업혁명 시대에 자본을 갖고 있거나 기술을 습득한 사람들은 여유롭고 편안한 삶을 누리겠지만, 가난하고 배우지 못한 사람들은 세상으로부터 소외될 가능성이 높습니다.

개발도상국의 미래

수작업 로봇은 사람이 손으로 하는 정밀 작업을 대신합니다. 2016년에 국제노동기구는 수작업 로봇이 확산되면 앞으로 20년 동안 아시아 근로자의 1억 3,700만 명이 일자리를 잃을 수 있다고 경고했습니다. 그 수는 태국과 캄보디아, 인도네시아, 필리핀, 베트남 등 5개국 노동자의 절반이 넘는 규모입니다. 지금까지 개발도상국의 낮은 임금은 세계적인 제조업체에 매력적이었습니다. 그러나 최근 기업들은 저렴한 노동력이 기업의 경쟁력에 도움이 되지 않는다는 판단을 내렸습니다. 오히려 공장을 소비자가 많은 선진국으로 옮기고 있는 추세입니다.

그동안 개발도상국은 저임금을 바탕으로 세계적인 기업의 공장을 유치해 돈을 벌고 선진국 기술을 배웠습니다. 그리고 그 자본과 기술을 바탕으로 경제 발전을 이루었습니다. 따라서 세계적인 기업들이 자국 내에서 공장을 철수하면 개발도상국들은 커다란 타격을 입지 않을 수가 없습니다. 예를 들어 독일의 아디다스는 아시아 지역에서 약 100만 명을 고용했습니다. 그런

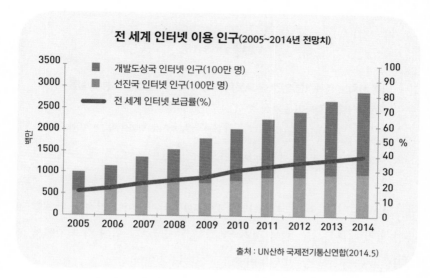

전 세계 인터넷 이용 인구(2005~2014년 전망치)

- 개발도상국 인터넷 인구(100만 명)
- 선진국 인터넷 인구(100만 명)
- 전 세계 인터넷 보급률(%)

출처 : UN산하 국제전기통신연합(2014.5)

❚ 유럽은 4명 중 3명, 미국은 3명 중 2명, 아시아 지역은 3명 중 1명이 인터넷을 접하는데 아프리카는 여전히 5명 중 1명만 인터넷을 사용하고 있다.

데 최근 인더스트리 4.0 정책에 맞춰 독일에 스피드팩토리를 세웠습니다. 스피드팩토리에서 아디다스는 연간 100만 켤레를 생산하는데 직원은 10여 명에 불과합니다. 예전에 600명이 매달려서 해야 했던 일을 로봇이 거의 다 해치우거든요. 인간 노동력의 98퍼센트 이상이 불필요해졌습니다. 개발도상국의 노동자들은 곧 인공지능에게 밀려날 수밖에 없습니다.

4차 산업혁명은 미국과 독일, 영국 등이 야심 차게 이끌고 있습니다. 반면에 아프리카나 아시아에서는 아직 2차 산업혁명 시대에 머물고 있는 개발도상국이 많습니다. 컴퓨터와 인터넷은 고사하고 전력과 식수조차 제대로 공급되지 못하는 지역이 많거든요. 따라서 개발도상국은 4차 산업혁명의 흐름

에 동참하기 어렵습니다. 4차 산업혁명에 대비한 기술이나 인력을 확보할 여
유가 없기 때문이지요. 결국 국가 간 격차가 지금보다 훨씬 더 커지면서 국
제적으로 불안정한 상황이 더 빈번하게 연출될 것입니다.

신인류

20세기의 의학 목표는 질병을 치료해 모든 사람을 건강하게 만드는 것이
었습니다. 그에 비해 21세기 의학은 소수의 엘리트 집단에게 불멸과 젊음을
안겨 주는 쪽으로 나아가고 있습니다. 소수의 엘리트 집단은 일반 대중과
달리 값비싼 나노기술이나 **재생의학**의 사용 비용을 얼마든지 지불할 능력이
있기 때문이지요. 얼마 지나지 않아 첨단 기술 덕분에 성능이 향상된 신인류
가 탄생하리라 예상됩니다.

21세기 의학은 처음부터 신인류를 목표로 삼지는 않았습니다. **유전공학**
이나 첨단 과학으로 환자를 치료하고 장애인을 도와줄 생각이었습니다. 그
런데 막상 기술을 개발하고 보니 사용할 만한 곳이 많았습니다. 예를 들어
제1차 세계대전 때 외과 의사들은 얼굴을 심하게 다친 군인들을 치료하기 시

┃ 유전자 조작을 3D로 이미지화한 것

작했습니다. 그런데 못생긴 코를 아름답게 바꾸는 데도 같은 기술이 필요하다는 것을 알게 되었습니다. 얼마 지나지 않아 건강한 사람들이 성형수술을 받기 시작했지요. 로봇다리가 거동이 불편한 환자들을 걷게 해 준다면 같은 기술로 건강한 사람들의 다리 성능도 높일 수 있습니다. 노인의 기억상실을

알아두기

구글의 이사인 레이먼드 커즈와일은 의료 기술이 발달하면서 2029년부터 인간의 기대수명이 1년씩 더해질 것이라고 주장했다. 커즈와일에 따르면 인간의 면역체계를 대신할 나노로봇 덕분에 영생이 가능하다고 한다. 또한 2050년에는 몸이 건강하고 은행 잔고가 충분한 사람들은 불멸을 시도한다고 예상했다. 이들은 10년마다 한 번씩 병원으로 달려가 개조 시술을 받으면서 젊음과 영생을 얻게 된다. 그 시술은 단순히 질병을 치료하는 데 그치지 않고 노화된 조직을 재생해 손이나 눈과 뇌의 성능을 높여 준다.

멈추는 치료법으로 일반인의 지적 능력도 향상시킬 수 있겠지요.

유전공학에서도 같은 현상이 일어날 것입니다. 태어날 아기가 치명적인 유전병을 갖고 있을 경우 문제를 유발하는 유전자만 바꾸면 됩니다. 이것은 물론 치료가 목적입니다. 그렇지만 억만장자가 남들보다 똑똑하고 건강한 자식을 얻겠다며 유전자를 바꿀 수도 있습니다. 인간의 욕심은 끝이 없어서 불멸과 젊음에 대한 집착은 자식에게까지 이어질 수 있으니까요. 그 결과 불멸과 젊음을 누리는 신인류와 죽음과 노환을 맞이할 일반 대중이라는 두 가지 계급이 생겨날 수도 있습니다.

간추려 보기

- 스스로 판단해 적을 공격하는 킬러로봇이 등장하고 있다. 과학 전문가들은 자칫하면 제3차 세계대전이 일어날 수 있다고 우려한다.
- 인공지능으로 인해 육체노동자뿐만 아니라 지식노동자의 일자리도 위협받고 있다. 공업과 농업은 물론이고 의료계와 법조계로도 인공지능이 진출했다.
- 자본가와 소수 엘리트에게 부(富)가 집중되는 반면에 노동자는 단순한 일에 종사하거나 실업자가 되어서 사회적 불평등이 더 커진다.
- 개발도상국은 4차 산업혁명을 맞이할 준비가 되어 있지 않아서 국가 간 경제 격차는 더 벌어질 전망이다.
- 값비싼 나노기술과 재생의학의 도움을 받아 불멸과 젊음을 유지할 신인류가 곧 등장할 가능성이 높다.

모두를 위한 4차 산업혁명

모두를 위한 4차 산업혁명이 되기 위해서는 사람을 우선으로 생각해야 합니다. 경제적인 논리에 따라 사람을 소외시키는 순간 실업자가 늘어나 소득 격차는 더 커질 테니까요. 극소수 자본가와 엘리트를 위한 4차 산업혁명은 인류의 발전에 도움이 되지 못합니다.

4차 산업혁명의 첨단 기술은 지킬 박사와 하이드처럼 양면성을 가지고 있습니다. 인공지능 로봇이 비서처럼 궂은일을 도맡아 하는 동시에 인간의 일자리를 빼앗기 때문이지요. 인류 앞에는 커다란 숙제가 놓였습니다. 4차 산업혁명의 장점과 단점을 어떻게 아우르면 좋을까요? 답은 공유와 개방과 사람 중심입니다.

월트디즈니컴퍼니는 영화 팬들을 위해 애니메이션 주제가의 리메이크를 허용했습니다. 바로 〈겨울왕국〉의 주제가인 "렛잇고"였습니다. 월트디즈니컴퍼니는 경제 논리보다는 사람을 중요하게 여겼기에 **저작권**을 내세우지 않고 "렛잇고"를 공유했던 것이지요. 그러자 놀라운 일이 벌어졌습니다. 유튜브와 같은 동영상 사이트에 다양한 방식으로 주제가가 올라오더니 급기야 〈겨울왕국〉까지 인기를 끌게 되었거든요.

이제까지 기업이나 국가는 성장하기 위해 기술이나 정보를 독점했습니다. 누가 볼세라 꽁꽁 감춰 두거나 **특허권**을 신청했지요. 그 결과 대기업의 독주가 이어졌습니다. 그러나 월트디즈니컴퍼니처럼 다른 기업들도 지식이나 기술을 공유하고 개방한다면 어떻게 될까요? 소비자와 기업 모두 좋은 결과를 얻을 수 있을 것입니다. "렛잇고"의 팬들과 월트디즈니컴퍼니처럼요.

로컬모터스의 공유

로컬모터스는 세계 최초로 3D프린터를 이용해 전기자동차 스트라티를 제작했습니다. 44시간 만에 완성된 스트라티는 실제로 주행이 가능합니다. 보통 자동차에 2만여 개의 부품이 들어가는데 스트라티는 고작 40여 개의 부품만을 사용합니다. 가볍고 고장 날 일도 적지요. 이 혁신적인 전기자동차는 수백 명의 아이디어로 만들어진 공동 창조의 결과물입니다. 설계부터 완성까지 로컬모터스의 **커뮤니티** 회원 206명이 함께했지요.

로컬모터스의 사막용 자동차인 랠리파이터 역시 커뮤니티에서 디자인을 공모했는데 한국인 디자이너 김상호 씨가 스케치한 그림이 뽑혔습니다. 여기에 500여 명의 커뮤니티 회원이 의견을 더해 완성했지요. 로컬모터스가 창

▌ 로컬모터스가 3D프린터를 이용해 만들어 낸 스트라티 차종

업한 지 18개월 만에 개발 비용 30억 원으로 세상에 내놓은 자동차였습니다. 다른 회사에서 만든 자동차와 비교해 보면 개발비용은 1,000배 적었고 개발 기간은 5배 짧았습니다. 직원 12명 남짓의 작은 자동차 회사가 이뤄 낸 이 일을 보면 공동 창조의 가치가 얼마나 훌륭한지 알 수 있습니다.

커뮤니티를 통해 평범한 사람들의 아이디어를 모으고 함께 완성하는 자동차 제조방식은 역사상 로컬모터스가 처음입니다. 로컬모터스에서는 한 사람이 아니라 여러 사람이 모여 새로운 가치를 창조했습니다. 즉 공유의 힘으로 좋은 결과를 이루어 냈답니다.

테슬라의 개방

2014년 미국 전기자동차 업체인 테슬라는 배터리 과열 방지 기술과 급속 충전 기술을 포함해 전기자동차 특허 1,400여 개를 무료로 공개했습니다. 엄청난 자본과 시간을 투자해 개발한 테슬라의 독점 기술을 누구에게나 개방한 것입니다. 테슬라의 전문경영인인 일론 머스크는 독점 기술을 모든 사람들에게 개방하고 공유하는 것이 미래를 준비하는 길이라고 밝혔습니다. 따라서 테슬라의 전기자동차 관련 특허를 사용하는 어떤 기업에도 소송을 걸지 않겠다고 덧붙였습니다. 당시 애플과 삼성전자 등 세계적인 기업들이 치열한 특허 전쟁을 벌이고 있던 터라 머스크의 선언은 파격적이었습니다.

사실 세계 최초로 전기차를 개발한 테슬라 입장에서는 다른 회사가 테슬라의 기술을 베낄까 봐 늘 전전긍긍했습니다. 그런데 테슬라가 전기자동차에 대한 특허권을 워낙 많이 갖고 있어서 전기자동차 시장에 선뜻 뛰어들려는 기업이 별로 없었습니다. 일론 머스크는 생각을 바꿨습니다. 전기자동차

인물탐구 일론 머스크

일론 머스크는 기술 혁신을 통한 인류의 미래 구원을 꿈꾸는 기업가다. 또한 깨끗한 지구와 인류의 화성 이주를 위해 노력하는 괴짜로 통하기도 한다. 일론 머스크는 25세라는 젊은 나이에 페이팔을 성공시켰는데 페이팔은 인터넷에서 결재할 때 필요한 서비스를 제공하는 사이트였다. 페이팔이 이베이에 매각되자 일론 머스크는 1,800억 원이라는 돈을 손에 쥐고 2년 뒤 스페이스 X라는 우주로켓 개발회사를 설립했다. 많은 사람들이 일론 머스크의 선택에 놀라움을 금치 못했다. 페이팔과 성격이 완전히 다른 데다 성공 가능성이 1퍼센트도 없는 우주 분야에 도전했기 때문이다. 하지만 일론 머스크는 발사 비용을 혁신적으로 줄인다면 우주산업도 전망이 밝다고 주장하며 아랑곳하지 않았다.

▌ 스페이스 X 우주로켓 앞에 선 일론 머스크

그리고 일론 머스크는 스페이스 X를 설립한 지 2년 뒤에 전기자동차 제조업체인 테슬라모터스에 합류했다. 당시 머스크가 내건 목표는 단순한 전기자동차가 아니라 모두가 갖고 싶어 하는 전기자동차를 제작하는 것이었다. 결국 머스크는 2008년에 스페이스 X의 우주로켓 발사에 성공했으며, 2009년에는 전기자동차 로드스터 320대를 시장에 내놓았다. 이뿐만이 아니다. 일론 머스크는 태양광 회사인 솔라시티를 인수 합병해 친환경 미래에너지 기술을 발전시키고자 노력하고 있다. 일론 머스크는 왜 이런 식으로 사업을 확장해 나갈까? 일론 머스크는 개인의 부와 사업적 성공이 아니라 인류가 공해 없는 깨끗한 환경에서 살아가는 것을 목표로 삼고 있기 때문이다.

를 만드는 기업이 늘어날수록 부품 가격이 하락하고 기술도 금세 향상될 것이라고 판단했답니다.

일론 머스크의 판단은 정확했습니다. 테슬라의 특허를 여러 자동차 업체가 사용하게 되자 전기자동차 시장은 더 넓어졌고 테슬라의 영향력도 더 커졌습니다. 그 뒤로 전 세계 전기자동차 시장은 꾸준히 넓어져서 오늘날 전기자동차는 100만 대까지 늘어났습니다. 또한 2018년 출시 예정인 테슬라의 모델3 전기자동차는 사전 예약자 수만 40만 명을 넘을 정도로 폭발적인 반응을 일으켰지요. 테슬라는 4차 산업혁명 시대에 창조적 기업으로 성공하려면 소유나 독점이 아니라 공유와 개방 전략이 필요하다는 것을 보여 주었습니다.

팹랩의 개방과 공유

팹랩은 제작 실험실(Fabrication Laboratory)의 약자로 소프트웨어, 3D프린터와 같은 디지털 제작 장비를 갖추고 있습니다. 값비싼 장비를 마련하지 못한 학생과 일반인에게 무료 또는 아주 저렴한 가격으로 장비를 빌려줍니다. 누구든 아이디어만 있으면 이곳을 통해 큰 비용을 들이지 않고도 제품을 만들 수 있습니다. 말하자면 생산 수단을 공유하는 공공 디지털 도서관이라고 할 수 있지요.

팹랩의 아이디어를 처음 떠올린 사람은 미국의 매사추세츠공과대학 닐 거센필드 교수였습니다. 닐 거센필드 교수는 일반인이나 학생이 컴퓨터로 설계한 것 중에서 기발한 제품을 직접 만들 수 있는 팹랩을 설치하자고 제안했습니다. 2004년에 개발도상국과 빈곤 지역에 팹랩을 설치했는데 결과는 놀

▌ 팹랩은 다양한 아이디어를 현실화할
수 있도록 도움을 주는 곳이다.

라웠습니다. 간단한 교육만으로도 청소년이나 일반인이 창의적인 물건을 만들어 내기 시작했거든요. 인도의 팹랩에서는 저렴한 전화기를 생산했고, 아프가니스탄 팹랩에서는 와이파이 설비를 제작해 냈답니다.

사실 빈곤층이나 개발도상국 국민들은 4차 산업혁명의 첨단 기술과 고급

알아두기

현재 세계 곳곳에서 팹랩이 운영 중이다. 우리나라에는 서울 세운상가에 팹랩서울이 있다. 팹랩서울은 3D프린터와 레이저커터 등 전문 장비를 갖추고 있으므로 누구라도 교육만 받으면 자유롭게 장비를 이용할 수 있다. 대학생은 물론 초등학생부터 벤처사업가까지 다양한 사람들이 팹랩에 와서 드론이나 스피커, 무선조종자동차를 만든다.

지식으로부터 소외되기 십상입니다. 팹랩이 그런 안타까운 문제점을 간단하게 해결해 주었습니다. 팹랩에서 3D프린터와 **레이저커터** 등의 첨단기기 사용법만 배우면 누구나 물건을 제작할 수 있습니다. 팹랩에서는 디자인과 기술까지 여러 사람과 공유하게 되므로 제품의 품질은 더욱 향상될 수밖에 없습니다. 오늘날 팹랩을 통해 수많은 사람들이 장비와 정보와 지식을 공유하고 있습니다.

러쉬의 사람 중심

러쉬는 영국의 친환경 화장품 회사로 동물과 환경과 사람이 조화롭게 공존하는 세상을 지향합니다. 천연재료를 사용하고, 광고를 하지 않으며, 포장을 세련되게 꾸미지 않겠다는 세 가지 원칙을 고수하고 있습니다. 특히 러쉬는 동물실험을 반대하는 회사로도 유명합니다. 동물실험 반대 시위를 벌이는가 하면, 해마다 러쉬 프라이즈를 개최해 동물실험을 대체할 방법을 찾아낸 개인이나 단체에 상금을 수여한답니다.

러쉬는 2007년부터 채러티팟이라는 로션을 36개국에서 판매해왔습니다.

친환경기업인 러쉬가 공정거래무역을 통해
생산한 코코아 버터와 아몬드 오일로 만든
핸드앤바디 로션인 채러티팟

수익금 전액을 환경이나 동물보호, 인권을 위해 활동하는 단체에 기부했지요. 10여 년 동안 5,500개의 단체에 전달한 기부금은 288억 원에 달합니다.

러쉬는 인재채용 방식도 남다릅니다. 매장에서 판매를 담당하는 직원도 얼마든지 본사 직원이 될 수 있습니다. 영국 본사의 제품개발 총책임자 다니엘 캠벨은 러쉬 매장의 판매직원으로 들어갔다가 개발팀의 임원이 되었습니다. 본사에 일자리가 생기면 다른 부서의 직원은 물론이고 매장의 판매 직원에게도 지원할 기회를 주거든요.

러쉬는 경제논리를 우선으로 하는 기업과 전혀 다른 길을 가고 있는데도 꾸준한 성장세를 보이고 있습니다. 2015년 이후로 매출이 25퍼센트 이상 늘어나고 있거든요. 현재 50개국에 932개의 매장이 있으며 영국의 직원 수만 1,600명이 넘습니다. 사람과 자연 중심의 러쉬야말로 4차 산업혁명 시대의 기업들이 나아갈 방향을 보여 주고 있습니다.

간추려 보기

- 모두를 위한 4차 산업혁명이 되려면 공유와 개방과 사람 중심의 가치가 필요하다.
- 공유와 개방이라는 가치를 사업화한 로컬모터스와 테슬라와 팹랩과 러쉬로부터 인류 모두에게 필요한 가치를 찾아볼 수 있다.
- 사람 중심의 가치관은 직원이나 소비자뿐만 아니라 기업에도 좋은 영향을 미친다.

인류의 미래

경제가 돌아가려면 끊임없이 성장해야 합니다. 인류는 브레이크 없는 자전거에 올라
탄 셈입니다. 그러다 보니 산업혁명 이후로 인류는 경쟁과 갈등 속에서 살아야 했습니
다. 경쟁에서 이긴 승자는 꼭대기로 올라갔고 패자는 나락으로 떨어졌지요. 4차 산업
혁명은 이런 상황을 더 악화시킬 수 있습니다. 머리를 맞대고 함께 고민해야 합니다.

인류는 이미 세 차례의 산업혁명을 거쳤습니다. 증기기관과 전기와 컴퓨터의 출현으로 세상은 놀라운 변화를 맞이하게 되었지요. 그런데 4차 산업혁명은 몇 가지 기술의 개발 정도로 그치지 않습니다. 인공지능 외에도 유전자 **염기서열** 분석과 나노기술과 재생가능에너지까지 다양한 분야에서 놀랄 만한 발전이 이루어지고 있습니다. 변화의 속도 역시 누구도 상상 못할 만큼 빨라지고 있습니다. 1차 산업혁명의 증기기관이 전 세계로 보급되기까지 120년 가까운 시간이 걸렸지만, 인터넷은 10년으로 충분했으니까요. 따라서 일반 대중뿐만 아니라 전문가들도 4차 산업혁명이 얼마나 빠르게 진행될지 짐작도 못 하고 있습니다. 무엇보다 그 변화의 결과가 유토피아일지 디스토피아일지 의견이 분분하지요.

2055년 12월의 가상 시나리오

30년쯤 뒤의 4차 산업혁명 시대에 사람들이 어떻게 생활할지 상상해 보았습니다. 혹시 우리 모두 다음과 같은 일들을 겪으며 살아가게 되는 것은 아닐까요?

"침대가 부드럽게 흔들린다. 그래도 꼼짝 않고 누워 있었더니 흔들림이 심해진다. 더는 미적거릴 수 없다. 어서 눈을 뜨고 일어나는 수밖에. 얼마 전에는 모른 척하고 계속 누워 있었더니 인공지능 침대가 요동을 쳐서 바닥으로 떨어질 뻔했다. 방에서 나오자 지니가 환한 얼굴로 인사를 건네며 밤새 발생한 사건사고와 오늘의 날씨를 알려 준다. 지니는 우락부락한 모습의 인공지능 로봇이다. 요즘은 예전과 달리 다양한 모습의 인공지능 비서를 만날 수 있다.

식사를 마치고 현관문을 나서자 딱 10초 만에 자율주행자동차가 나타났다. 지니가 미리 연락해 준 덕분이다. 회사에 도착하니 20대로 보이는 앳된 남자가 나에게 이것저것 일을 지시한다. 그는 회사 대표로 40대인데 재생의학의 도움을 받아 늘 젊음과 건강을 유지하고 있다. 회사 대표가 업무 지시를 마쳤을 때 벨소리가 울리더니 홀로그램이 눈앞에 나타났다. 회사 대표는 여섯 살짜리 딸과 아주 자연스럽게 영어로 대화를 나누었다. 회사 대표의 딸은 맞춤아기라서 지능과 건강과 외모가 무척 뛰어난 편이다.

자리로 돌아온 나는 컴퓨터를 켜고 업무를 시작했다. 택배드론이나 배달로봇이 길을 잘 찾아가도록 도시 지도를 새롭게 바꾸는 일이다. 빌딩이나 주택의 달라진 색상과 모습만 수정하는 일이라 아주 단순하다. 두 시간쯤 지나 내 업무는 끝이 났다.

나는 다시 자율주행자동차를 타고 집으로 향했다. 자율주행자동차는 영상으로 내가 입고 싶은 옷과 가고 싶은 여행지를 계속 보여 주며 구매를 부추겼다. 그러나 나는 창밖으로 눈을 돌렸다. 지난주까지만 해도 카페에서 바리스타로 하루 세 시간씩 일했는데 바리스타로봇에게 일자리를 빼앗겨서 수입이 줄어든 탓이다. 게다가 지금 일하는 도시 지도 작업도 언제까지 할

▌ 사물인터넷으로 사람과 사람, 사람과 기계, 기계와 기계가 무선으로 연결된 미래의 스마트
시티. 이 미래 도시는 과연 유토피아일까?

수 있을지 모르겠다. 조만간 인공지능이 도시 지도 작업에 참여한다는 소문
이 나돌고 있기 때문이다.

　친구들은 돈 몇 푼 때문에 고생하지 말고 실업자수당이나 받으며 편하게
지내라고 한다. 하지만 나는 친구들처럼 하루 종일 가상현실게임에 빠져 살
고 싶지는 않다. 조금이라도 생산적인 일을 하며 내 가치를 인정받고 싶다.
그렇지만 날이 갈수록 내 미래가 암담해지는 것은 사실이다. 엘리트들은 자
본과 지식을 앞세워 엄청난 부를 쌓아가는 중이다. 또한 값비싼 재생의학과
유전공학 등 첨단기술을 통해 젊음을 유지하고 수명을 연장하기 시작했다.
그들의 자녀는 맞춤아기라서 신체나 지능 면에서 일반 아이들과 비교가 되
지 않을 정도다. 신인류가 탄생한 셈이다.

　나를 비롯해 일반 대중은 신인류나 그들의 맞춤아기에 비해 수준이 떨어

집중탐구 구글과 아마존

전 세계 시가총액 1위부터 5위까지인 구글과 아마존, 마이크로소프트, 애플, 페이스북은 모두 4차 산업혁명과 관련된 기업들이다. 다섯 개의 기업이 2017년에 거둔 실적은 예상을 훨씬 뛰어넘었다. 아마존은 3분기(7월부터 9월) 매출이 전년에 비해 34퍼센트나 오른 49조 원이었으며, 구글의 3분기 매출 역시 전년에 비해 24퍼센트 늘어난 31조 원이었다. 그렇다면 세계경제도 큰 폭으로 성장했을까? 고작 3퍼센트 증가했을 뿐이다. 세계경제는 만성적인 저성장으로 고통받고 있다.

세계경제는 고작 3퍼센트 증가했는데 몇몇 기업은 2, 30퍼센트씩 증가하는 현상을 가리켜 승자독식이라고 한다. 1위를 차지하는 몇몇 소수 기업이 시장 전체를 지배하는 것이다. 특히 최첨단 신기술을 다루는 정보통신산업에서는 이런 현상이 더욱더 두드러진다. 가격 결정권을 포함해 과도한 권한을 가지기 때문이다.

예를 들어 세계 최대의 장난감 소매업체인 토이저러스는 2017년에 파산을 신청했다. 장난감 사업에 뛰어든 아마존에 시장을 빼앗긴 것이 원인이었다. 그런데 이런 상황이 토이저러스에만 해당하는 것은 아니다. 식료품점이

▌ 첨단기술로 몸집을 엄청나게 키워 가고 있는 초대형 기업 구글과 아마존. 4차 산업혁명 시대를 맞아 승자독식 구조가 굳어질까 봐 우려되고 있다.

나 신발판매점 등 다양한 점포들이 문을 닫고 있다. 인터넷 쇼핑몰인 아마존의 경쟁상대가 되지 못하기 때문이다. 아마존의 문제는 거기에서 끝나지 않는다. 아마존은 물류창고 작업을 4만 5,000대의 창고 로봇에게 맡기고 있다. 미국의 연구기관 조사 결과에 따르면 아마존은 약 14만 명을 고용했지만 아마존 탓에 직장을 잃은 사람은 30여만 명에 이른다. 한마디로 아마존은 일자리 파괴자인 셈이다. 게다가 드론택배에 많은 투자를 하고 있다니 택배기사의 일자리가 사라지는 날도 머지않았다.

구글 역시 대중의 비판에서 자유롭지 못하다. 구글은 전 세계 검색 시장의 90퍼센트를 차지하면서 광고로 어마어마한 돈을 벌어들였다. 그리고 광고 수익금으로 지난 6년 동안 220개의 신생기업들을 사들였다. 그중에는 인공지능이나 자율주행자동차와 관련된 기업들이 많다 보니 구글은 자연스럽게 4차 산업혁명의 선두주자가 되었다.

그런데 기업들은 왜 구글에 광고하기를 원할까? 구글은 사용자들이 검색한 단어나 방문한 사이트를 통해 관심사를 파악해 광고주에게 전달하기 때문이다. 광고주는 그 자료를 바탕으로 각각의 개인에게 맞춤광고를 할 수 있다. 따라서 우리가 구글에 들어가 무료로 검색하고 동영상을 보는 행동이 구글에 돈벌이할 기회를 만들어 주는 셈이다.

10억 명의 사용자를 보유한 구글은 가장 거대한 데이터 분석 조직이다. 구글은 항상 우리가 어디에 있으며 무엇을 하는지 알고 싶어 한다. 심지어 이메일 내용까지 들여다본다. 모두 중요한 정보이기 때문이다. 그것들 말고도 올라온 정보라면 무조건 복사하고 저장하며 분석한다. 그리고 정보를 사용할 만한 다양한 방법을 개발해 낸다. 이런 일을 성공적으로 수행할수록 구글의 역량은 더욱더 커지기 때문이다. 구글의 사훈은 '사악해지지 말자'이지만 언젠가는 전 세계의 정보를 소유한 채 경제와 정치와 문화를 마음대로 휘두르는 사악한 기업이 될지도 모르겠다. 따라서 아마존이나 구글처럼 경제논리를 앞세우는 기업들이 주도하는 4차 산업혁명의 미래는 불안할 수밖에 없다.

진다. 우리는 말하자면 하층계급이나 다름없다. 앞으로 그 차이는 더 벌어질 것이다. 나는 창밖의 세련되고 쾌적한 도시를 보면서 30년 뒤인 2085년에는 어떤 일이 우리를 기다리고 있을지 두려웠다."

4차 산업혁명의 주도권

2055년의 가상 시나리오는 충격적입니다. 엘리트와 일반 대중 사이에 단지 빈부의 격차만 존재하는 것이 아니니까요. 지능과 신체능력마저 굉장한 차이를 보여 줍니다. 언젠가는 신인류가 일반 대중을 원숭이 취급할지도 모를 일입니다.

몇몇 학자들 역시 4차 산업혁명이 불러올 위기와 위험에 대해 경고하고 있습니다. 세계적인 물리학자인 스티븐 호킹은 심지어 100년 이내에 인류가 멸망할 것이라고 예견했습니다. 하버드대 경제학과 교수인 리처드 프리드먼은 4차 산업혁명이 불평등을 확대하고 경제적 주종관계를 만들어 낼 수 있다고 경고했습니다. 일반 대중이 노예가 되어 로봇을 소유한 소수 자본가나 엘리트를 섬길지도 모른다는 뜻이지요. 그렇다면 지금이라도 정보통신기술의 발전을 늦추고 뭔가 대비책을 세워야 하지 않을까요?

그러나 몇 가지가 마음에 안 든다고 변화의 흐름을 막을 수는 없습니다. 인류는 어차피 편리와 편안함을 추구하기 마련이니까요. 게다가 몇몇 학자나 일반 대중은 4차 산업혁명의 주도권을 쥐고 있지 않습니다. 4차 산업혁명의 핵심인 첨단 정보통신기술을 장악한 곳은 구글이나 아마존 등 대기업과, 미국이나 독일 등 강대국입니다. 그렇다면 대기업과 강대국이 첨단 기술 개발에 좀 더 신중을 기하면 되지 않을까요? 사실 대부분의 대기업과 강대국의 목표는 이윤 추구와 경제성장입니다. 남들보다 앞장서야 한다는 생각뿐입니다. 무한경쟁을 내세운 대기업과 강대국 때문에 첨단 기술은 아주 빠르게 발전할 수밖에 없으니 4차 산업혁명의 흐름은 멈추지 않을 것입니다.

우리의 선택

4차 산업혁명으로 사람들은 더 편안하고 여유로운 삶을 누릴 것입니다. 인공지능 비서가 집사나 가정부 같은 역할을 맡아서 어려운 일을 대신 처리하며 우리를 돌보아주고, 자율주행자동차가 집 앞에 와서 우리가 원하는 곳까지 척척 데려다 줍니다. 유전자검사를 통해 질병을 미리 예측하고, 나노기술로 불치병을 치료합니다. 우주태양광 기술이 보편화되어 우주에서 태양광을 생산하므로 에너지 문제가 해결됩니다. 기술 발전과 생산량의 증가로 풍요의 시대가 펼쳐져서 의식주와 교육, 교통, 의료가 거의 무료화됩니다.

오늘날 기술의 발전 속도를 본다면 얼마든지 가능성 있는 이야기들입니다. 4차 산업혁명으로 인류는 유토피아를 맞이할 확률이 높습니다. 그런데 유토피아의 세상을 1퍼센트의 소수 부자들만 누린다면 진정한 유토피아라고 볼 수 있을까요? 물론 우리는 4차 산업혁명을 막는다거나 속도를 늦추지 못합니다. 그러나 방향을 선택할 수는 있습니다. 독점과 경제논리를 앞세울 것인가, 아니면 공유와 사람중심을 강조할 것인가 중에서 말이지요.

예를 들어 어느 마을에 슈퍼마켓이 두 곳 있는데요. 4차 산업혁명으로 인해 양쪽 모두 기계를 도입해 직원은 많지 않습니다. 인건비를 줄인 덕분에 수익성은 무척 높답니다. 그런데 이 중 '독점 슈퍼'는 주인이 한 명이라 모든 수익금을 가져갑니다. 반면에 '공유 슈퍼'는 마을 사람들 수십 명이 투자해서 수익금을 골고루 나누지요. 결국 양쪽 슈퍼 모두 4차 산업혁명의 속도에 맞춰 따라갔지만 방향은 완전히 달랐습니다. 공유 슈퍼를 통해서는 많은 사람들이 기술 발전의 혜택을 누렸지요.

첨단 기술이나 정보통신기술은 인류 전체를 위한 것이어야 합니다. 인류는 공동운명체이므로 소수의 행복과 성공만 추구하다가는 파멸의 길로 들어설 수 있거든요. 따라서 4차 산업혁명이 공유와 개방과 사람 중심으로 나아갈 수 있도록 함께 고민해야겠습니다.

간추려 보기

- 빈부 격차와 불평등이 심해지다 보면 "신인류"라는 새로운 계급이 등장해 일반 대중과 주종관계를 형성할 수도 있다.
- 4차 산업혁명의 주도권은 세계적인 대기업과 강대국에 있다. 그럼에도 우리는 함께 논의하면서 4차 산업혁명이 공유와 개방과 사람중심으로 전개되도록 해야 한다.

용어 설명

나노기술 나노미터 크기의 물질들을 기초로 하여 우리 실생활에 유용한 나노소재나 나노부품을 만드는 기술.

레이저커터 강력한 레이저를 이용해 금속이나 플라스틱 등을 오려낸다.

마이크로칩 트랜지스터나 콘덴서 등 많은 회로 부품이 하나의 기판 위에 결합되어 특정한 기능을 수행하도록 만든 집합체. 크기가 작으면서도 속도가 빠르고 전력 소비가 적으며 가격이 싸다는 이점이 있다.

바코드리더 광학적 스캐닝 과정을 이용해 바코드에 들어 있는 정보를 해독하는 장치.

분자구조 분자 중에 있는 원자들의 배치나 결합상태.

생명공학기술 생명체의 형질과 형태를 결정하는 유전자를 인공적으로 조작해서 생명체를 개조하거나 새로 만드는 기술.

세계경제포럼 세계경제올림픽이라고 불릴만큼 전 세계 정치인과 기업인에게 영향력을 행사하는 국제회의다. 1981년부터 스위스의 다보스에서 회의를 하기 때문에 일명 다보스포럼이라고도 한다. 세계의 저명한 기업인과 경제학자, 언론인, 정치인 등 2,000여 명이 참석해 세계 경제에 대해 토론하고 연구한다.

식민지 정치적, 경제적으로 다른 나라에 예속되어 국가로서의 주권을 상실한 나라. 경제적으로는 식민지 본국에 대한 원료 공급지, 상품 시장, 자본 수출지의 기능을 하며, 정치적으로는 종속국이 된다.

염기서열 유전자를 구성하는 염기의 배열로 아데닌, 구아닌, 시토신, 티민의 순서로 되어 있다. 인간 유전자의 경우 네 종류의 염기 30억 개가 일정한 순서로 늘어서 있다. 염기서열에 따라 키와 피부색 등 생물학적 특성이 결정된다.

월드와이드웹 유럽입자물리연구소에서 고안한 것으로 인터넷에 연결된 컴퓨터들을 통해 사람들이 정보를 공유할 수 있는 전 세계적인 정보 공간을 말한다. 지정된 단어를 클릭하면 연결된 문서로 이

동해 원하는 정보를 찾을 수 있다.

웹 문자뿐만 아니라 영상과 음성 등의 정보를 거미줄 같은 통신망으로 세계 곳곳과 연결시켜 주는 서비스.

유전공학 생물의 유전자를 조작하거나 가공해 인간에게 필요한 물질을 손쉽게 얻을 수 있도록 연구하는 학문.

인공절단효소 특정 유전자를 없애거나 다른 염기서열로 교체할 수 있는 인공효소이다. 자연에 존재하는 효소는 복잡한 화합물이므로 인공적으로 합성하려면 많은 노력과 비용이 든다.

재생의학 인간의 세포와 조직과 장기를 대체하거나 재생시켜 원래의 기능을 할 수 있도록 복원시키는 의학 분야.

저작권 저작자가 자신이 창작한 저작물에 대해서 갖는 권리.

적층 가공 3차원 물체를 만들어내기 위해 원료를 여러 층으로 쌓거나 결합시키는 방식. 기존의 절삭 가공은 재료를 자르거나 깎는 방식으로 제품을 생산하는 것이다.

정보기술 정보를 신속하고 효율적으로 수집하고 전달하는 기술을 가리킨다. 구체적으로는 컴퓨터나 소프트웨어나 인터넷과 관련된 산업을 일컫는다.

줄기세포 여러 종류의 신체 조직으로 분화할 수 있는 능력을 가진 세포.

커뮤니티 공동체나 지역사회 또는 동아리를 가리킨다. 일종의 사회조직체로서 공통적인 관심이 꽤 일치하는 집단을 뜻하기도 한다.

특허권 발명에 대해 일정 기간 독점적으로 소유하고 이용할 수 있는 권리.

프로그래밍 컴퓨터에 부여하는 명령을 만드는 작업. 컴퓨터가 어떻게 하면 문제를 풀 수 있을지 순서를 연구한 뒤 컴퓨터가 이해할 수 있는 단어로 입력시키는 것이다.

홀로그램 3차원 영상으로 된 입체 사진으로 실물과 똑같이 보인다.

연표

1776년	영국 버밍엄의 한 탄광에서 제임스 와트가 발명한 증기기관이 작동했다.
1784년	제임스 와트가 회전식 증기기관을 발명하면서 1차 산업혁명의 시발점이 되었다.
1811년	영국의 노동자들이 산업혁명으로 실업의 위험을 느끼자 기계를 파괴하는 러다이트 운동을 일으켰다.
1860년	프랑스 파리의 기술자 쟝 르누아르가 작동 가능한 내연기관을 개발했다.
1879년	에디슨이 발전기와 전구를 발명하면서 2차 산업혁명이 시작되었다.
1882년	에디슨에 의해 전력의 상업화가 가능해지면서 전기는 공장의 동력원으로 널리 사용되었다. 또한 세계 대도시에서 전차가 등장했다.
1886년	독일의 자동차회사 다이믈러가 최초로 가솔린기관이 장착된 4륜차를 개발했다.

1913년	미국의 자동차회사 포드가 자동차 생산라인에 컨베이어벨트 시스템을 도입해 1925년까지 하루에 9,109대씩 생산했다.
1915년	가정용 냉장고를 처음으로 판매하기 시작했다.
1920년	라디오를 통한 세계 최초의 상업적 방송이 이루어졌다.
1936년	영국에서 세계 최초의 텔레비전 방송이 실현되었다.
1943년	영국에서 거대한 전자계산기 콜로서스를 만들었다.
1946년	미국 펜실베이니아대학에 세계 최초의 전자식 컴퓨터인 에니악이 등장했다.
1955년	미국 다트머스대학의 존 맥카시가 인공지능이라는 용어를 처음으로 사용했다.
1969년	미국 국방성에서 아르파넷이라는 군사용 네트워크를 시작하며 3차 산업혁명의 막을 열었다.
1971년	최초의 마이크로프로세서가 인텔사에서 개발되어 개인용 컴퓨터를 대량으로 생산할 수 있는 계기가 되었다. 마이크로프로세서는 하나의 칩으로 된 중앙처리장치다.

1975년	미국의 에드 로보츠가 세계 최초의 개인용 컴퓨터 알테어 8800을 개발했다.
1977년	미국의 스티브 잡스가 애플II를 시장에 내놓아 놀라운 성공을 거뒀다.
1988년	아르파넷의 기능이 미국과학재단으로 넘어가면서 미국 전역의 슈퍼컴퓨터를 연결하는 네트워크가 탄생하며 인터넷의 시초가 되었다.
1991년	월드와이드웹이 개발, 배포되었다.
1992년	IBM에서 세계 최초의 스마트폰인 사이먼을 개발했다.
1997년	컴퓨터 딥블루가 세계 체스 챔피언 가리 카스파로프를 상대로 한 체스 시합에서 승리했다.
1999년	미국 매사추세츠 공과대학의 연구원이었던 캐빈 애쉬톤이 사물인터넷이라는 용어를 처음으로 사용했다.
2011년	IBM의 인공지능 왓슨이 퀴즈쇼에서 두 명의 퀴즈챔피언을 제치고 우승했다.
	독일 정부가 인더스트리 4.0정책을 추진하며 4차 산업혁명이라는 용어를 사용했다.

2016년	세계경제포럼에서 4차 산업혁명을 주제로 삼으면서 전 세계의 관심을 끌었다.

컴퓨터 알파고가 프로바둑기사 이세돌 9단을 상대로 4승 1패의 승리를 거두었다.

2017년	컴퓨터 알파고 제로가 세계 1위의 바둑기사 커제를 상대로 3승 무패의 승리를 거두었다. 알파고 제로는 알파고의 최종 버전이다. 알파고와 달리 알파고 제로는 여러 바둑 시합의 기록을 참고하지 않고 바둑 규칙만으로 스스로 학습해 실력을 향상시켰다. 빅데이터 학습이 필요 없는 인공지능이 등장한 셈이다. 그렇다면 앞으로는 우주나 깊은 바다 등 빅데이터를 확보하지 못한 분야까지 인공지능이 파악할 수 있다는 결론에 도달한다.

구글의 자율주행차량이 미국의 애리조나에서 운전자가 없는 자동차를 실제 도로 위에서 달리게 했다. 구글의 직원들이 차에 탑승했지만 운전석이 아니라 뒷좌석에 앉았으며 단지 정차 버튼만을 누를 수 있었다. 그동안 많은 자동차 업체가 실제 도로에서 자율주행을 했으나 만일의 사태를 대비해 운전석에 사람이 있었다. 따라서 구글은 최초로 사람 운전자 없이 도로에서 자율주행을 한 것이다.

호주 알렉산드라 병원에서 세계 최초로 3D프린터로 제작된 정강이뼈를 환자의 다리에 이식했다.

더 알아보기

4차 산업혁명위원회 https://www.4th-ir.go.kr/

정부가 추진하는 4차 산업혁명 관련 정책들을 조사하고 조정하는 대통령 직속기구이다. 4차 산업혁명과 관련된 과학기술이나 산업 등 분야별 전문성을 가진 전문가들이 참여했다.

한국과학창의재단 https://www.kofac.re.kr/

과학기술의 발전과 창의적 인재육성을 위해 설립된 재단이다. 4차 산업혁명 시대를 맞이하여 국민에게 여러 지식과 정보를 전달하기 위해 노력하고 있다. 특히 초중고 과학동아리의 탐구활동을 지원하고 있으며 청소년과학탐구반을 운영하고 있다. 실험공간인 메이커스 랩을 운영하고 있는데 3D프린터와 레이저커터 등을 갖추고 있다.

한국로봇융합연구원 http://www.kiro.re.kr/

정부 산하 로봇전문생산 연구소로서 로봇기술혁신에 필요한 기술을 창조하고 개발한다. 지난 10여 년간 수중 건설로봇과 국민안전로봇 등 30종 이상의 다양한 로봇을 개발했다. 해마다 열리는 한국지능로봇경진대회에서는 로봇창의인재들이 지능로봇과 퍼포먼스로봇, 수중로봇, 국방로봇 분야에서 자신의 실력을 뽐낸다.

팹랩서울 http://fablab-seoul.org/

상상하는 거의 모든 것을 만들 수 있는 공공 디지털 제작소다. 이 공간에서는 3D 프린터와 레이저커터 등 디지털 제작 장비들을 공유하여 아이디어를 실현할 수 있다. 팹랩은 공공도서관과 같이 누구나 찾아와 이용할 수 있으며 세계 100개국에서 1,200여 개소가 운영 중이다. 팹랩서울은 종로 세운전자상가에 위치해 있으며 2013년도에 문을 열었다. 팹랩은 작업을 할 수 있는 장비가 갖추어져 있을 뿐만 아니라 사람들과도 소통할 수 있는 공간이다.

참고도서

《클라우스 슈밥의 제4차 산업혁명》   클라우스 슈밥

《4차 산업혁명의 충격》   클라우스 슈밥 외 26인

《4차 산업혁명: 이미 와 있는 미래》   롤랜드버거

《세계미래보고서 2055》   박영숙, 제롬 글렌

《4차 산업혁명 어떻게 시작할 것인가》   한석희 외 6인

《클라우드와 빅데이터를 뛰어넘는 거대한 연결, 사물인터넷》   편석준 외 3인

《로봇은 인간을 지배할 수 있을까?》   이종호

《인간은 필요없다》   제리 카플란

《인공지능의 미래》   제리 카플란

《인간 대 기계》   김대식

《호모데우스》   유발 하라리

《두 얼굴의 구글》   스코트 클리랜드

《빅데이터 인간을 해석하다》   크리스티안 루더

《명견만리: 우리가 준비해야 할 미래의 기회를 말하다》   KBS 명견만리 제작팀

찾아보기

내인생의책은 한 권의 책을 만들 때마다
우리 아이들이 나중에 자라 이 책이 '내 인생의 책'이라고 말할 수 있는 책을 만들고자 합니다.

세상에 대하여 우리가 더 잘 알아야 할 교양

㉤ 4차 산업혁명 어떻게 변화되어야 할까?

위문숙 지음

초판 발행일 2018년 1월 26일 | 2쇄 발행일 2019년 5월 30일
펴낸이 조기룡 | 펴낸곳 내인생의책 | 등록번호 제10-2315호
주소 서울시 성동구 연무장5가길 7 현대테라스타워 E동 1403호
전화 (02) 335-0449, 335-0445 (편집) | 팩스 (02) 6499-1165

ISBN 979-11-5723-364-9 (44300)
      978-89-97980-77-2 (세트)

이 도서의 국립중앙도서관 출판시도서목록(CIP)은 e-CIP 홈페이지(http://www.ml.go.kr/ecip)에서 이용하실 수 있습니다.
(CIP제어번호 : 2017035607)

내인생의책에서는 참신한 발상, 따뜻한 시선을 가진 원고를 기다리고 있습니다.
원고는 내인생의책 전자우편이나 홈페이지를 이용해 보내 주세요. 여러분의 소중한 경험과 지식을 나누세요.

전자우편 bookinmylife@naver.com | 홈페이지 http://bookinmylife.com

어린이제품 안전 특별법에 의한 제품 표시

제조자명 내인생의책 | **제조 연월** 2019년 5월 | **제조국** 대한민국 | **사용연령** 5세 이상 어린이 제품
주소 및 연락처 서울시 성동구 연무장5가길 7 현대테라스타워 E동 1403호 (02) 335-0449 | **담당 편집자** 박호진

세더잘 53
핵전쟁 어떻게 막아야 할까?
국기연 지음

북한의 위협 앞에서 남한도 핵무장을 할 필요가 있다.
Vs. 인류의 평화를 위협하는 핵무기는 반드시 폐기되어야 한다.

최근 북한 핵무장 위협 때문에 남한도 핵무장이 필요하다는 주장이 제기되고 있습니다. 인류가 핵전쟁의 공포에 압도당하는 현실 속에서 핵무기의 역사와 종류, 핵무기를 규제하기 위한 국제 사회의 노력에 대해 살펴봅니다. 북한이 국제 사회의 반대를 무릅쓰며 핵무기를 개발하는 진짜 목적이 무엇인지, 북한의 핵 기술력은 어느 정도인지, 인류가 핵무기의 위협에서 벗어날 가능성은 있는지에 대해 탐구해 봅니다.

세더잘 52
가짜 뉴스 처벌만으로 해결이 될까?
금준경 지음

날로 큰 피해를 가져오는 가짜 뉴스, 반드시 처벌해야 한다.
Vs. 가짜 뉴스라고 무조건 처벌하면 표현의 자유를 해칠 수도 있다.

인류 역사의 시작부터 존재했다는 가짜 뉴스에는 어떤 것이 있을까요? 누가 만들며 어떤 목적으로 퍼뜨릴까요? 가짜 뉴스를 막기 위해 우리는 어떤 일을 해야 하고 또 하고 있을까요?

세더잘 51
동물원 좋은 동물원은 있을까?
전채은 지음

동물원은 동물을 위한 곳이다. 부작용은 받아들여야 한다.
Vs. 현재의 동물원은 인간의 이득을 위한 기관으로 변질되어 있다.

동물이 행복하지 못한데 그들을 바라보는 인간이 온전한 행복을 누릴 수 있을까? 동물원은 사람만의 공간이 아니다. 동물 종 보전과 동물 복지를 추구하는 기관이기도 하다. 과연 진정한 의미에서 '좋은 동물원'이란 무엇일까?

세더잘 50
젠트리피케이션 무엇이 문제일까?
정원오 지음

저소득층에도 삶을 개선할 경제적 기회를 부여하며, 도시가 활성화된다.
Vs. 도시에 대한 권리 침해이며, 지역의 경제 및 문화 생태계를 파괴한다.

젠트리피케이션은 지역 경제를 좀먹고 삶의 질을 해친다고 한다. 반면 소득 재분배에 긍정적인 효과를 주며 경제 활성화를 유도한다는 주장도 있다. 시대의 변화에 따라 변화를 보는 관점은 다양할 수밖에 없다. 우리는 우리가 사는 도시를 어떻게 바라봐야 할까?

세더잘 49

아프리카 원조 어떻게 해야 지속가능해질까?

위문숙 지음

아프리카 원조는 아프리카를 위한 것이다.
Vs. 현재의 원조는 강대국의 배만 불릴 뿐이다.

어려움에 처한 아프리카를 도와야 하는 것은 당연한 일입니다. 하지만 그 방법이 오히려 강대국의 부만 늘려
주고 있다면 어떨까요? 천문학적인 금액이 투입되어도 3,000원의 치료제가 없어 죽어가는 아이들이 생기는
건 어째서일까요?

세더잘 48

인플레이션 양적 완화가 우리를 살릴까?

홍준희 지음

인플레이션 10% Vs. 세금 10%
어느 쪽이 우리에게 더 유리할까요?

돈을 더 찍어서 시중에 푸는 정책과 세금을 더 거두어들이는 정책. 사람들은 당연히 첫 번째 정책을 선택합니
다. 하지만 돈을 더 찍어내면 그만큼 물가가 올라 거둘 수 있는 세금 역시 늘어나고 말지요. 그렇다면 세금을
더 거두는 정책이 좋은 정책일까요? 이 책은 양적 완화와 인플레이션을 중심으로 우리가 경제에 관해 알고
있던 상식을 다시 한 번 생각해 보게 합니다.

세더잘 47

저작권 카피라이트냐? 카피레프트냐?

김기태 지음

저작권은 반드시 법으로 보호해야 한다.
Vs. 일정한 요건을 갖춘 경우에는 저작권자의 허락이 없더라도
     저작물을 이용할 수 있도록 해야 한다.

저작권의 역사와 종류, 저작권으로 보호받는 저작물은 어떤 것들인지, 저작권의 자유 이용을 허용하는 CCL,
어떻게 저작권을 이용해야 하는지 인터넷 세대인 아동청소년들이 꼭 알아야 할 저작권에 대한 모든 지식을
알려 줍니다.

세더잘 46

청소년 노동 정당하게 일할 권리 어떻게 찾을까?

홍준희 지음 | 하종강 감수

청소년 보호를 위해 청소년 노동을 제한해야 한다.
Vs. 청소년의 노동 권리를 인정하고 안전하게 일할 수 있는
     노동 현장을 제공하는 데 노력해야 한다.

최근 100여 년간 인류의 식량 생산량은 꾸준히 늘어났지만 세계 곳곳에서 기아에 시달리는 사람은 여전히
넘쳐납니다. 이 책에서는 기아의 원인과 현실 그리고 기아 퇴치를 위한 갖가지 방법을 풍부한 사례와 함께
다루고 있습니다.

세더잘 45

플라스틱 오염 재활용이 해답일까?

제오프 나이트 지음 | 한진여 옮김 | 윤순진 감수

**친환경 플라스틱과 재활용으로도 충분히 플라스틱 오염을 막을 수 있다.
Vs. 플라스틱 오염의 근본적 대책은 플라스틱 사용을 금지하는 것이다.**

플라스틱 탄생의 역사에서부터 플라스틱 생성 원리, 플라스틱 오염을 막기 위한 현실적인 대안들에 이르기까지 플라스틱을 둘러싼 역사적, 과학적, 사회적 주제들을 빠짐없이 다루고 있습니다.

세더잘 44

글로벌 경제 나에게 좋은 걸까?

리처드 스필베리 글 | 한진여 옮김 | 강수돌 감수

**글로벌 경제는 인류의 삶에 풍요를 가져왔다.
Vs. 글로벌 경제는 빈부 격차를 확대하고 환경을 파괴할 뿐이다.**

글로벌 경제란 국가 간 무역량이 늘어나면서 나라와 나라 사이의 경제 활동이 더 자유로워지고 상호 의존도가 높아지는 경제를 말합니다. 글로벌 경제는 그동안 인류의 삶을 풍요롭게 하는 데 큰 역할을 했지만 한편으로는 환경 파괴나 노동 소외 등의 문제를 불러 일으켰습니다. 과연 글로벌 경제는 나의 삶에 좋은 것일까요?

세더잘 43

제노사이드 집단 학살은 왜 반복될까?

마크 프리드먼 글 | 한진여 옮김 | 홍순권 감수

**제노사이드는 정치 권력자의 범죄이므로 이들을 확실하게 처벌하면 재발을 막을 수 있다
Vs. 제노사이드는 국제사회(UN)와 개인들이 힘을 모아야 근절시킬 수 있다**

인류 역사에는 한 민족이 다른 민족을 집단으로 학살하는 비극이 지속적으로 발생해 왔습니다. 아르메니아 대학살부터 아우슈비츠 학살까지 역사는 되풀이됩니다. 과연 제노사이드는 어떻게 막을 수 있을까요? 주동자를 처벌하면 될까요? 국제 사회의 노력이 필요할까요?

세더잘 42

다문화 우리는 단일민족일까?

박기현 글 | 변종임 감수

**우리는 단일민족이기 때문에 다문화 사회로의 전환이 원칙적으로 어렵다
Vs. 우리는 원래 다문화 사회였기 때문에 행복한 다문화 사회를 만들 수 있다**

최근 한국 사회에도 다문화 가정이 많이 늘어나는 추세입니다. 하지만 여전히 다른 인종과 다른 민족에 대한 편견과 차별이 존재하고 있는 것이 현실이지요? 과연 한국은 다문화 사회로의 성공적인 전환이 가능할까요?

세더잘 41
빅데이터 빅브러더가 아닐까?

질리 헌트 글 | 이현정 옮김 | 최진 감수

빅데이터는 새 시대를 열어 줄 신기술이므로 적극적으로 활용할 제도를 구축해야 한다.
Vs. 개인 정보 유출 등의 빅브러더 문제를 막으려면 데이터 활용을 적절히 규제해야 한다.

식품 산업에서부터 스포츠 경기에 이르기까지 빅데이터 기술을 활용한 시장 분석은 인류 생활에 큰 변화를 가져왔지요. 그런데 정보를 수집하는 빅데이터 기술의 특성상 개인 정보의 침해라는 인권 문제도 함께 제기되고 있어요. 과연 신기술은 어디까지 허용되어야 할까요?

세더잘 40
산업형 농업 식량 문제의 해결책이 될까?

김종덕 글

산업형 농업은 인류의 식량난을 해결한 획기적이고 효율적인 농업 방식이다.
Vs. 환경 오염이 심해지고 우리의 건강이 위협받고 있어 다른 대안을 찾을 때다.

인구 증가가 가속화되면서 인류는 식량 문제에 직면했고, 그 해결책으로 마치 공장에서 찍어내듯 대량으로 농작물을 경작하는 산업형 농업이 등장했습니다. 산업형 농업은 인류의 굶주림을 어느 정도 해결해 주었지만, 환경오염이라는 다른 문제점을 낳았습니다. 과연 인류는 산업형 농업 외에 다른 대안을 찾아야 할까요?

세더잘 39
기아 왜 멈출 수 없을까?

앤드루 랭글리 글 | 이지민 옮김 | 마이클 마스트란드리 · 김종덕 감수

식량 생산량 증가를 통해 기아 문제를 해결할 수 있다.
Vs. 부패한 정치와 거대 자본에 휘둘리지 않는 공정한 분배를 실현해야 한다.

지금도 세계 도처에서는 8억 명이 넘는 사람들이 하루하루 끼니를 근심하며 살아가고 있습니다. 기아는 인간의 존엄을 뒤흔드는 심각한 문제입니다. 가난과 함께 대물림된다는 점에서 더욱 큰 문제이지요. 우리가 어느 누구도 굶어 죽는 일 없는 미래를 찾아 낼 수 있을까요? 어떻게 하면 기아가 기아를 부르는 악순환을 끊을 수 있을까요?

세더잘 38
슈퍼박테리아 과학으로 해결할 수 있을까?

존 디콘실리오 글 | 최가영 옮김 | 송미옥 감수

항생제 사용 제한이 가장 강력한 슈퍼박테리아 퇴치 방안이다.
Vs. 획기적 새 항생제 개발만이 슈퍼박테리아를 퇴치할 수 있다.

인류에게 새로운 공포의 대상으로 떠오르는 슈퍼박테리아는 항생제에 내성이 생겨 쉽사리 죽지 않는 변종 박테리아입니다. 슈퍼박테리아의 위험에서 벗어나기 위해서는 이제부터라도 항생제 사용을 줄여야 한다는 의견부터 슈퍼박테리아를 퇴치할 수 있는 새로운 항생제 개발에 노력을 기울여야 한다는 의견까지 여러 주장이 팽팽히 맞서고 있습니다. 슈퍼박테리아 감염으로부터 우리 자신을 지키는 가장 적절한 해결책은 무엇일까요?